Kubas unentdeckte Wende

Harald Neuber

Kubas unentdeckte Wende

Wie die innere Reformdebatte
Fidel Castros Revolution
seit 1990 verändert hat

Bibliografische Information der Deutschen Nationalbibliothek
Die Deutsche Nationalbibliothek verzeichnet diese Publikation
in der Deutschen Nationalbibliografie; detaillierte bibliografische
Daten sind im Internet über http://dnb.d-nb.de abrufbar.

Umschlagabbildung:
© christoph stettler/stettlerbros.ch

ISBN 978-3-631-62761-7 (Print)
E-ISBN 978-3-653-02736-5 (E-Book)
DOI 10.3726/978-3-653-02736-5
© Peter Lang GmbH
Internationaler Verlag der Wissenschaften
Frankfurt am Main 2013
Alle Rechte vorbehalten.
PL Academic Research ist ein Imprint der Peter Lang GmbH.

Peter Lang – Frankfurt am Main · Bern · Bruxelles · New York ·
Oxford · Warszawa · Wien

Das Werk einschließlich aller seiner Teile ist urheberrechtlich
geschützt. Jede Verwertung außerhalb der engen Grenzen des
Urheberrechtsgesetzes ist ohne Zustimmung des Verlages
unzulässig und strafbar. Das gilt insbesondere für
Vervielfältigungen, Übersetzungen, Mikroverfilmungen und die
Einspeicherung und Verarbeitung in elektronischen Systemen.

www.peterlang.de

Για την Κατερίνα (όταν έμαθε ισπανικά).

Vorwort

Noch heute erinnert sich Victor Fowler an das Erlebnis Mitte der neunziger Jahre. „Im Zentrum von Havanna sah ich eines Tages wie eine Frau das letzte, trockene Stück eines Brotes in einen Mülleimer am Straßenrand warf", sagt der Essayist.1 Brot wegzuwerfen schien ihm ungeheuerlich. Zwei, drei Jahre zuvor gab es kaum etwas zu Essen, als Fowler einmal monatlich zu einem Freund in den Randbezirk Arroyo Naranjo fuhr. Es war der Höhepunkt der *Período especial en tiempo de paz*, der „Spezialperiode in Friedenszeiten", oder besser: ihr Tiefpunkt. „Das Beste, was ich auf diesem Weg fand, war ein Stand im Bezirk Miramar, der Zuckerwasser verkaufte. Das war das Einige auf zehn Kilometern des Weges: Zuckerwasser, sonst nichts." (Exner u.a. 2003: 143 f) Dass nun, wenige Jahre später, wieder eine Brotkante weggeworfen wurde, empörte und freute ihn zugleich: „In diesem Moment wusste ich, dass wir das Schlimmste hinter uns hatten."

Als die vorliegende Arbeit Anfang 2012 entstand, lagen diese Jahre in Kuba lange zurück. Die Integration des Landes in die Märkte des Südens, vor allem Lateinamerikas und der Karibik, haben die wirtschaftliche Lage verbessert, zugleich ist die soziale Kluft in der Zwei-Währungs-Gesellschaft größer geworden, wie Beobachter bestätigen:

> Me asombra la cantidad de comida que se vende en las calles en contraste con los años de hambre del así llamado Período Especial. En la céntrica calle San Rafael [...] cuento por lo menos diez expendios de comida, la mayoría en moneda nacional. [...] Los mercados están bien abastecidos [...] y con precios que encuentran su comprador. (Prieto 2011: 64-72)

Dass die schwere Krise überwunden wurde, ohne dass der kubanische Sozialismus aus den Regierungsbüros in die Geschichtsbücher verbannt wurde, wie dies Anfang jenes Jahrzehnts in Europa geschehen war, straft jene Lügen, die hierzulande von Kuba als der „DDR unter Palmen"2 sprachen und sprechen.

Paradoxerweise war die Krise für die kulturelle Produktion neben den auch hier erheblichen Unwägbarkeiten zugleich eine Chance. Der erzwungene Rückzug des Staates auf die elementaren wirtschaftlichen Aufgaben, die Paralyse der staatlichen Institutionalität und die abrupte Abkehr vom

---

1 Fowler Calzada gab die Anekdote im Oktober 2002 bei einer Konferenz im Sitz des kubanischen Schriftstellerverbandes UNEAC gegenüber den Mitgliedern einer studentischen Exkursion des Zentralinstitutes Lateinamerika der Freien Universität Berlin wieder, die der Autor mitorganisiert hatte.
2 Titel einer Reisereportage in der Tageszeitung „Die Welt". (Keseling 2012: 27)

Sowjetmodell ließen Räume entstehen, in denen die nationale Identität neu verhandelt wurde. Exponierte Vertreter des campo cultural cubano bestätigen vor diesem Hintergrund „eine neue kulturelle Dynamik, die seit den neunziger Jahren die Öffnung neuer Räume ermöglichte". (Exner u.a. 2003: 119)

Die neuen Freiheiten begründeten sich auch in der radikalen Abkehr von alten Verboten. So schreibt Víctor Fowler (im historischen Präsens) über jene Jahre:

> Las instituciones culturales están asimilando o reasimilando una serie de figuras que fueron marginadas de la historia cultural cubana. Eso tiene que ver con la pregunta de los 60 y los 70 sobre el rock [...] por motivos ideológicos, figuras de la cultura cubana fueron excluidas. (Exner u.a. 2003: 138)

Der kubanische Schriftsteller Leonardo Padura erinnert in diesem Kontext an die Kontroversen in seiner Teenagerzeit 35 Jahre zuvor. Damals liefen Jugendliche Gefahr, als „vom Imperialismus penetriert" bezichtigt zu werden (benutzt wurde hier tatsächlich die spanische Vokabel penetrado), wenn sie die Beatles, Rolling Stones oder Led Zeppelin hörten, schrieb er 2006 in einer Kolumne für die Nachrichtenagentur IPS (Padura 2011: 16). Wie in seinen Kolumnen setzt sich heute eine ganze Generation junger Künstler in verschiedenen Genres mit den Problemen des revolutionären Kubas auseinander, übt Kritik und bestimmt politische Diskurse mit. Wie weit das neue Selbstbewusstsein und der Einfluss der Künstler und Intellektuellen reicht, zeigte sich Anfang 2007 bei der „Guerrita de los e-mails", einer massiven Protestaktion gegen die befürchtete Rückkehr von Verantwortlichen für die repressive, sowjetisch inspirierte Kulturpolitik Anfang der 1970er Jahre, das *Quinquenio Gris*, das „Graue Jahrfünft".

Schließlich haben neben einer Verschiebung der Kräfteverhältnisse zwischen den kulturellen und politischen Sphären in Kuba auch neue Akteure Eingang in die Debatten gefunden. Die neue Aufwertung (oder Sichtbarkeit?) der Kirche führt Kardinal Jaime Ortega, Erzbischof von Havanna, auf Kongruenzen zwischen Staat und Kirche zurück, die ein neues Selbstverständnis kubanischer Katholiken möglich machte: „Ich bin Christ, aber ich bin auch Revolutionär".

All dies zeigt: Kuba ist vielschichtiger und unentdeckter, als man vermuten würde. Diese Arbeit hofft daher ungeachtet ihrer Begrenztheit zum Verständnis beizutragen.

Berlin, im August 2012

Inhaltsverzeichnis

Einleitung	1
Motivation und Erkenntnisinteresse	1
Forschungsstand	3
Die Arbeit im Überblick	4
Die Quellenlage	5
Ein- und Abgrenzung des Untersuchungsgegenstandes	5
Theoretische Grundlagen und Begrifflichkeiten	6
I. Vorgeschichte und Entwicklung seit 1990	9
I.1 Ökonomische Grundlagen	11
I.2 Die Krise nach 1990/91	14
II. Institutionen und Kulturpolitik im Wandel	23
II.1 Die kulturelle Produktion der Período especial	24
II.2 Formen kultureller (Re-)Organisation	27
II.3 Institutionalisierung und Kooperation	32
II.4 Der staatliche Diskurs	35
II.4.1 Religion	37
II.4.2 Rassismus	40
II.4.3 Diaspora	43
III. Kulturelle und politische Diskurse	47
III.1 Die innerkubanische Debatte	49
III.1.1 Emanzipation der Intelligenzija cubana	52
III.1.2 Die Guerrita de los e-mails	55
III.2 Musik	62
III.2.1 Nueva Trova	64
III.2.2 Hip-Hop	67
III.2.3 Rock/Pop/andere Genres	71
III.3 Literatur und Essayisten	74
IV. Chronist und Akteur des Wandels: Leonardo Padura	79
IV.1 Werk und Wirken	80
IV.2 Diskussion	91
V. Schlussbemerkungen	103
Verzeichnisse	109
Literatur	109
Abkürzungen	121
Interviews	123

Einleitung

Unser Blick auf das heutige Kuba wird von wiederkehrenden Vorurteilen und Klischees getrübt, die einem umfassenden Verständnis der politischen und gesellschaftlichen Lage in dem sozialistischen Karibikstaat im Wege stehen. Gezeigt hat sich der dadurch begründete schematische Umgang mit der kubanischen Realität zuletzt 2011 und 2012 in Kommentaren politischer und medialer Akteure, die Vergleiche zwischen Kuba und den (inzwischen zumindest teilweise gescheiterten) arabischen Umstürzen zogen. Keine dieser und ähnlicher Parallelen wurde der Realität gerecht. Sie sagen jedoch viel über das vorherrschende Kuba-Bild aus: Vergleiche mit im Westen vermeintlich durchschauten politischen Abläufen und Regimes („arabische Revolutionen", DDR, „Stalinismus" etc.) belegen, dass man sich in Europa und den USA auch zwei Jahrzehnte nach den geopolitischen Umbrüchen, als deren Überbleibsel das sozialistische Kuba auch noch im 21. Jahrhundert hartnäckig angesehen wird, schwer tut, die gesellschaftlichen Prozesse zu dechiffrieren. Davon ausgenommen ist auch nicht der wissenschaftliche Diskurs, in dem der „innere Widerstand" (*disidencia interna*) gemäß des dominanten politischen Diskurses als signifikante Strömung dargestellt wird, während in Kuba ansässige Diplomaten und Auslandskorrespondenten den Systemoppositionellen Glaubwürdigkeit absprechen.3

Motivation und Erkenntnisinteresse

Die Motivation für die vorliegende Arbeit liegt darin, das anscheinend defizitäre Bild der kubanischen Realität zu hinterfragen und in Kontrast zu der

---

3 Vgl. Gespräche des Autors mit Korrespondent/innen dreier europäischer Nachrichtenagenturen in Havanna, Kuba, am 17. Und 19. 02.2012 und veröffentlichtes Interview mit dem Vorsitzenden des Vereins Netzwerks Cuba (Neuber 2012a). Zu den Paradoxa zählt hier, dass sich der offizielle Diskurs freilich von der in Interviews geäußerten Haltung unterscheidet, was bei beiden Akteursgruppen – Korrespondenten und Diplomaten – mit der jeweiligen Erwartungshaltung in Europa begründet wurde. Hinweise auf diese diskursive Dissonanz geben mitunter diplomatische Depeschen – auch im deutschen Fall. So monierte der Menschenrechtsbeauftragte der Bundesregierung, Staatsminister Werner Hoyer, am 10. Mai 2011 nach dem Tod eines Gefangenen in Kuba einen „Widerspruch zu der [...] Hoffnung auf eine grundlegende Verbesserung der Menschenrechtssituation in Kuba" (Hoyer 2011). Am gleichen Tag betonten Diplomaten der deutschen Vertretung in Brüssel in der Lateinamerikagruppe des EU-Rats, eine Reaktion „müsse aufgrund der unklaren Faktenlage vorsichtig formuliert werden" (Auswärtiges Amt 2011).

innerkubanischen Debatte zu stellen. In Zentrum steht dabei stets die Frage, wie sich das politische System in Kuba in den vergangenen gut zwei Jahrzehnten halten konnte, während sich die sozialistischen Führungen in Europa – in historischer Umkehrung der Eisenhower'schen Domino-Theorie – binnen kürzester Zeit auflösten, um einem Systemwechsel Raum zu geben. Eine naheliegende Erklärung lieferte Fidel Castro bereits in einer Rede Anfang Dezember 1989, in der er (in indirekter Abgrenzung zu den sozialistischen Ländern Mittel- und Osteuropas) die Eigenständigkeit des politischen Systems in Kuba betonte:

> Cuba no es un país donde el socialismo llegó tras las divisiones victoriosas del Ejército Rojo. En Cuba, el socialismo lo forjamos en auténtica y heroica lucha. (Castro 1989)

Die Einschätzung hebt die Legitimation des politischen Prozesses hervor, der sich nach 1990 stärker als in den Jahrzehnten zuvor wieder auf die kubanische Emanzipationsbewegung des 19. Jahrhunderts berief. Figuren wie José Martí und Felix Varela rückten stärker ins Interesse der Historiografie, so gelang der Brückenschlag über die Sowjetepoche zu den Unabhängigkeitskämpfern (Zeuske 2004: 252).4

Neben der Lösung der Legitimitätsfrage gelang es der kubanischen Führung in Verlauf der *Período especial en tiempo de paz*, einen ökonomischen Zusammenbruch zu vermeiden und die Lage soweit zu stabilisieren, dass die politische Beständigkeit gesichert war. Zugleich mit der Notwirtschaft trug dazu im Wesentlichen die Öffnung des Landes für Deviseneinfuhren durch die Entkriminalisierung des Dollarbesitzes bei. Die *remesas*, Geldüberweisungen aus dem Ausland, steuerten zum Überleben des kubanischen Sozialismus bei, auch wenn sich zugleich eine bis heute wachsende soziale Kluft zwischen Devisen- und Pesobesitzern auftat. Die Verwerfungen sollen nun, 2012, durch eine Modernisierung des politischen und wirtschaftlichen Regimes beseitigt werden.

Der Autor konnte die beschriebenen Prozesse im Zuge von gut einem Dutzend Aufenthalten in Kuba seit 1998 eingehend beobachten. Bei der

---

4 Auch setzt der Martí-Diskurs an den linksnationalistischen, panamerikanischen Strömungen an. Horacio Cerutti Guldberg schreibt zur Bedeutung Martís im Integrationsprozess: "Se prefirió utilizar la expresión martiana ‚nuestra América' en lugar de Latinoamérica [...] a partir de la explícita oposición de José Martí al racismo; a la necesaria alusión inclusiva al área caribeña y al hecho de que la latinidad, por más reinterpretaciones que se le añadan, no brinda suficiente cobijo a los pueblos originarios y a la denominada tercera raíz afroamericana." (Cerutti 2008: 45)

Entwicklung des Konzeptes der vorliegenden Arbeit steht ein Aspekt im Fokus, der in der wissenschaftlichen Debatte nur wenig Beachtung findet: Die Auswirkungen der Krise auf die kulturelle Produktion und, davon ausgehend, die Bedeutung der Kultur bei der Lösung aufkommender Konflikte. Das innovative Moment liegt dabei in der Betrachtung der Inklusion kultureller Akteure, statt die Exklusion von Systemoppositionellen innerhalb und außerhalb des Landes in den Fokus zu rücken.

Forschungsstand

Die wissenschaftliche Literatur zur jüngeren Geschichte Kubas widmet sich mehrheitlich der sozialen und politischen Sphäre. Im deutschsprachigen Raum hat Sönke Widderich mit seiner 2002 erschienen Studie über die sozialen Auswirkungen des kubanischen Transformationsprozesses (Widderich 2002) ein Pendant zu der vorliegenden Arbeit geliefert, bei der die kulturellen Resultate Beachtung finden. Der Sammelband Aspectos del Campo Cultural Cubano (Exner u.a. 2003) enthält einige wertvolle Beiträge, vor allem in Abschriften von Konferenzbeiträgen aus Kuba, die erste Hinweise auf die heute noch deutlicher ausgeprägte Debattenkultur in Kuba geben. Ansonsten gibt dieser Band weitgehend externe Sichtweisen auf Kuba wieder – ein Phänomen, das stärker noch in dem Sammelband „Kuba heute: Politik, Wirtschaft, Kultur" (Ette, Franzbach 2001) zur Geltung kommt. Michael Zeuske befasst sich in „Insel der Extreme" (Zeuske 2004) mit der postsowjetischen Entwicklung Kubas und den folgenden Modernisierungsprojekten. Edgar Göll wirft einen Blick auf die Nachhaltigkeit der kubanischen Wirtschaftsentwicklung in der Spezialperiode (Göll 2006).

Weitere recherchierbare Untersuchungen beschränken sich auf Teilaspekte. So geht Angelica Wehrli in einer sozialanthropologischen Studie auf „Lösungsansätze zur Existenzsicherung in Zeiten des sozioökonomischen Wandels ein" (Wehrli 2009). Rainer Schultz und Steffen Niese befassen sich vom spezifisch deutschen Standpunkt mit der wirtschaftspolitischen Vorgeschichte und Gegenwart Kubas im bilateralen Verhältnis zu den beiden deutschen Staaten, der BRD (Niese 2010) und der DDR (Schultz 2005). Isabel Exner hat 2002 im Rahmen einer Exkursion des Zentralinstitutes Lateinamerika der Freien Universität mit dem Aufsatz *El movimiento de hip hop en La Habana, o las paradojas de música e identidad* eine erste Untersuchung dieses Genres und der Jugendkultur in Kuba vorgelegt, vertieft wurde das Thema u.a. von dem US-Amerikaner Marc David Perry in seiner Doktorarbeit (Perry 2004).

Zahlreiche Studien, vor allem im US-amerikanischen Raum, befassen sich mit klar definierten Phänomenen des gesellschaftlichen Umbruchs während und nach der Spezialperiode. Matthew Reilly etwa betrachtet die entstehenden Räume, in denen kulturelle Identitäten neu verhandelt werden (Reilly 2009), während Enrique Ubieta diese Phänomene vom sozialen und politischen Standpunkt aus hinterfragt (Ubieta 2012).

Die Arbeit im Überblick

Ausgangspunkt der vorliegenden, größtenteils kultursoziologischen Arbeit ist eine Betrachtung der wirtschaftlichen Entwicklung Kubas seit 1990/1991. Dies ist notwendig, um das Ausmaß der Notlage zu erfassen, in der das Land nach den geopolitischen Umbrüchen jener Jahre geraten ist (I.1). Von Interesse ist dabei in erster Linie der staatliche Umgang mit der Krise auf politischer Ebene (Legitimationsfrage) sowie im wirtschaftlichen und sozialpolitischen Bereich (I.2). In Abgrenzung zu diesem weitgehend deskriptiven ersten Teil befasst sich der Autor auf der Basis kubanischer Literatur aus dem Untersuchungszeitraum und Interviews mit Akteuren zunächst mit den Auswirkungen auf die kulturelle Produktion, im weiteren Sinne des campo cultural cubano, um in Folge die Reaktion der kulturellen, also in Kuba immer auch kulturpolitischen Akteure zu beleuchten.

Zunächst steht im zweiten Teil über die staatliche Politik die Frage der (Re-)Organisation der Kulturproduktion im Vordergrund: Wie wurde der Kulturbetrieb auf dem Höhepunkt der Spezialperiode am Laufen gehalten? Wie wurde er nach einer Entspannung der Notlage restrukturiert und welche Lehren wurden hier aus der Krise gezogen? (II.1/II.2) Natürlich muss in diesem Kontext auch auf die zunehmende internationale Kooperation, etwa im Verlagswesen, eingegangen werden. Diese Zusammenarbeit schuf in den neunziger Jahren nicht nur neue Räume für die Debatte, sie stärkte auch die heutzutage erhebliche Transnationalität im kubanischen Kulturbetrieb. (II.3) Dies mag dazu beigetragen haben, dass sich staatliche Diskurse in bedeutenden Fragen veränderten. Exemplarisch behandelt wird dieses Phänomen anhand von Religion, Rassismus und kubanischer Diaspora. (II.4 ff)

Wie die Auseinandersetzungen in Kuba verlaufen sind, wird im dritten Teil behandelt. Seit den neunziger Jahren fanden hier zahlreiche Debatten statt, die auch die Auswirkungen der „Sowjetisierung" des Landes zum Thema hatten. (III.1) Die Entwicklung kulminierte in der beispielhaft angeführten *Guerrita de los e-mails*, einer weitreichenden Protestaktion gegen die mutmaßliche Wiederkehr der für die repressive Kulturpolitik der frühen 1970er Jahre verantwortlichen Funktionäre. (III.1.2) Das Kapitel schließt mit einer Betrachtung sozial- und gesellschaftskritischer Tendenzen in zeitgenössischer Musik, Literatur und unter Essayisten. (III.2 ff)

Der vierte und letzte Teil stellt der kultursoziologischen Analyse eine literaturwissenschaftliche Darstellung von Werk und Wirken des auch außerhalb Kubas bekannten Autors Leonardo Padura nach. (IV)

Die Quellenlage

Der in den frühen neunziger Jahren einsetzende Modetrend Kuba hat auch den europäischen Wissenschaftsbetrieb nicht unberührt gelassen. Vor allem soziale Phänomene der Alltagskultur werden seither in zahlreichen Arbeiten verschiedener Disziplinen behandelt (siehe Passus zu „Forschungsstand"). Diese Literatur ist in der Regel über einschlägige Bibliotheken und/oder Internetdatenbanken recherchierbar, die Online-Recherche steht bei Literatur aus den USA im Vordergrund. Schwieriger gestaltet sich der Quellenzugang im Falle Kubas. Bei einem Großteil der im Folgenden behandelten Werke handelt es sich zwar fast ausschließlich um konventionelle Literatur, die in kubanischen Verlagen erschienen ist und ISB-Nummern trägt. Insofern kann sie nicht als „informelle" oder „graue" Literatur klassifiziert werden, die außerhalb des Literaturbetriebes publiziert und nicht über klassische Wege vertrieben wird.5 Dennoch kommt im spezifischen Falle Kubas vor dem Hintergrund der US-amerikanischen Blockade die fehlende und/oder mangelhafte Anbindung an internationale Vertriebsstrukturen zum tragen. Die Literatur aus Kuba wurde vom Autor im Rahmen mehrerer Beschaffungsreisen zusammengetragen. Diese Aufenthalte wurden immer auch für Interviews mit exponierten Akteuren des Kultur- und Wissenschaftsbetriebes genutzt. Diese Interviews sind im Anhang gesondert aufgeführt. In wenigen Fällen, die sich auf den ersten Teil (I) beschränken, sind als Argumentationsbelege nicht öffentliche diplomatische Quellen aufgeführt.

Ein- und Abgrenzung des Untersuchungsgegenstandes

Zeitlich liegt der Untersuchungsbeginn 1990 durch die ein Jahr später folgenden geopolitischen Umbrüche nahe. Bei einer ursprünglichen Konzeption der Arbeit war die Untersuchung auf den Zeitraum bis zum Jahr 2000 beschränkt, wurde dann jedoch angesichts der zunehmenden Dynamik in der innerkubanischen Diskussionskultur und der sich parallel herausbildenden Reformpolitik um eine Dekade erweitert. Ausschlaggebend dabei war auch der personelle Wechsel an der Staatsspitze 2006, als Fidel Castro

---

5 Nach der Definition des GIGA-Institutes Hamburg handelt es sich dabei „um Literatur, die in den Ländern selbst und darüber hinaus außerhalb des Buchhandels erscheint." (GIGA-Institut 2011)

sich aus gesundheitlichen Gründen aus den Regierungsgeschäften zurückzog und sein Bruder und Verteidigungsminister Raúl Castro das Amt übernahm.

Bei der räumlichen Eingrenzung lässt sich die Arbeit grundsätzlich die Option offen, Literatur der Diaspora mit einzubeziehen, wenngleich der Großteil des untersuchten Materials aus Kuba selbst stammt. Mit der in II.4.3 behandelten Neuordnung der Beziehungen des kubanischen Staates zur den kubanischen Auslandsgemeinden kam es zunehmend auch zu einem Meinungsaustausch zwischen Inselkubanern und der Diaspora. Die Arbeit lässt Stimmen der regierungskritischer Gruppierungen in Kuba und im Ausland sowie jene staatlicher ausländischer Akteure außen vor, weil dies in mehrerlei Hinsicht den Rahmen dieser Arbeit sprengen würde.

Theoretische Grundlagen und Begrifflichkeiten

Den Auswirkungen der Umbrüche in Kuba auf den Kulturbetrieb und die kulturellen sowie kulturpolitischen Diskurse nähert sich die Arbeit aus mehreren Perspektiven. Die reine Betrachtung der ökonomischen Entwicklung wurde in der deutschen Wissenschaftsgemeinde bislang von Vertretern unterschiedlicher Disziplinen behandelt. Erste Essays zum Untersuchungsgegenstand stammen von dem Wirtschafts- und Sozialwissenschaftler Hans-Jürgen Burchardt (Burchardt 1999; 2001; 2003; 2011), während Michael Zeuske (Zeuske 2000; 2004; 2011a; 2011b) die jüngere Entwicklung in mehreren Publikationen in historiografische Betrachtungen einbindet. Angesichts des weitgehend deskriptiven Charakters des ersten Teils der vorliegenden Arbeit ist eine Festlegung auf eine spezifische Disziplin hier nicht zwingend. Jedoch werden im weiteren Verlauf Aspekte der modernen Gruppenpsychologie aufgegriffen, nämlich in der Betrachtung der gesellschaftlichen Dynamiken. Auf der Basis der Gruppendefinition von Henri Tajfel (Tajfel 1981) kann so die Frage behandelt werden, inwieweit die in Kuba seit der Revolution in starkem Maße durch Hierarchien und formelle Attribute gesicherten Wertsysteme verändert wurden, inwieweit also gesellschaftlich akzeptierte Vorstellungen auf dem individuellen Niveau und dem Gruppenniveau interagierten und sich gegenseitig formten.[6]

---

6 Der britische Sozialpsychologe (polnisch-jüdischer Herkunft) Henri Tajfel vertrat eine breit gefasste Gruppendefinition, in der auch nationale Gruppen erfasst werden, und grenzte sich damit gegen Kurt Lewin und andere ab, die in ihren Definitionen vom kollektiven Schicksal (Lewin 1948) oder von einem homogenen Erfahrungshorizont (Sherif und Sherif 1969) ausgingen. Tajfels Definition ist im vorliegenden Fall hilfreich, da sie auch auf die heute transnationale kubanische Gemeinschaft angewendet werden kann.

Die in der Sozialpsychologie angewandte Interdependenz- oder Austauschtheorie (Thibaut/Kelley 1959) ermöglicht es, die Bildung neuer sozialer Netzwerke in den neunziger Jahren fundiert zu betrachten. Während solche Strukturen vor allem im religiösen Kontext neu entstanden (Zunahme der Santería[7], aber auch der katholischen, protestantischen und jüdischen Gemeinden), verloren traditionell wirkende Netzwerke der kubanischen Institutionalität an Wirkung.[8] In der kubanischen Literatur wie auch in US-amerikanischen und europäischen Betrachtungen wird vor diesem Hintergrund die Öffnung des kubanischen Staates zu religiösen Gruppen und der kubanischen Diaspora erklärt (so etwa bei Calzadilla 2006).

In dem überwiegenden kultursoziologischen Teil der Untersuchung steht das Verhältnis zwischen Kultur und Gesellschaft im Fokus, bei der Frage etwa, inwieweit sich das im revolutionären Kuba zur individuellen und politischen Legitimation stark beanspruchte symbolische Kapital noch gegen die neuen, im Rahmen einer Akkulturation wirkenden Werte behaupten kann. Gemäß der Bourdieu'schen Vierergruppe aus ökonomischem, sozialem, symbolischem und kulturellen Kapital (Bourdieu 1979) geht es dabei also darum, inwiefern das in Kuba im Rahmen der wirtschaftlichen Öffnung neu wirkende ökonomische Kapital einer gesellschaftlichen Minderheit Einfluss auf den allgemeinen Wertekanon entfaltet. Dieser Frage gehen aus unterschiedlichen Blickwinkeln auch kubanische Essayisten nach (Ubieta 2012; Padura 2011).

Die Erkenntnisse werden in der Analyse einer Werkauswahl des kubanischen Journalisten und Schriftstellers Leonardo Padura überprüft. Padura ist in den neunziger Jahren auch außerhalb Kubas durch seine gesellschafts- und sozialkritischen Texte bekannt geworden. Beschrieben werden neben einem Teil des Werkes die Intention des Autors und die Rezeption seines Werkes. Die Untersuchung orientiert sich auch an der Schule von Wilhelm Dilthey, nach der ein epochaler Gesamtgeist angenommen wird (Gutzen u.a. 2005: 173), der in Kuba radikalen Umbrüchen unterlag. Es drängt sich in diesem Fall auf, „auch spezielle Ausformungen der historischen Bedingtheit zu berücksichtigen" (Maren-Grisebach 1998: 27).

Verzichtet wird auf zweideutige und zudem unscharfe Termini. Das „Regime" wird so zur „Regierung" oder „Staatsführung", der Begriff des „Exils" muss der „Diaspora" weichen. Fremdsprachige Termini, Phrasen und Eigennamen werden kursiv geschrieben, deutsche Titel und Eigennamen in Anführung und recte.

---

7 Vgl Rauhut (2009)
8 Etwa die Komitees zur Verteidigung der Revolution (CDR).

I. Vorgeschichte und Entwicklung seit 1990

Zwei Aspekte des kubanischen Umbruchs zu Beginn der neunziger Jahre des vergangenen Jahrhunderts sind bei der Betrachtung dieses Untersuchungsgegenstandes unabdingbar. Zum einen reichen die Gründe der ab 1990/1991 eintretenden und zum Teil dramatisch verlaufenden Veränderungen bis in die achtziger Jahre des vergangenen Jahrhunderts zurück. Zum anderen geriet das sozialistische Kuba nach dem Ende der Sowjetunion (UdSSR) nicht nur in eine wirtschaftliche Notlage, sondern auch in eine ideologische Sinn- und Identitätskrise, die zu einer enormen und bislang wissenschaftlich nur unzureichend betrachteten Dynamik in der kulturpolitischen Sphäre geführt hat.

Eine der Hauptursachen der Veränderungen in Kuba lag in der zunehmenden Distanzierung zwischen Havanna und Moskau mit dem Anfang 1986 unter der Bezeichnung *Перестройка* (Perestroika) eingeleiteten Prozess zur Veränderung und Modernisierung des gesellschaftlichen, politischen und wirtschaftlichen Systems der UdSSR. Diese Entfremdung der Bruderstaaten widerspiegelte sich in zunehmenden politischen Spannungen, die sich mitunter in konkreten Maßnahmen der Abschirmung äußerten. So erklärte Staats- und Regierungschef Fidel Castro in einer Rede am 7. Dezember 1989:

> Por ello nosotros no hemos vacilado en impedir la circulación de ciertas publicaciones soviéticas que están cargadas de veneno contra la propia URSS y el socialismo. Se percibe que detrás de ellas está la mano del imperialismo, la reacción y la contrarrevolución. (Fidel Castro 1989)

Die an Intensität gewinnenden Divergenzen fanden ihren Niederschlag im *Proceso de rectificación de errores y tendencias negativas*, der, wie Sönke Widderich feststellt, 1986 in Kuba parallel zur sowjetischen Perestroika eingeleitet wurde und dieser „diametral entgegenlief" (Widderich 2002: 1). Während das kommunistische System in der UdSSR sich von innen heraus zersetzte, reagierte das sozialistische Kuba mit einem staatsideologischen Konzept, das wirtschaftspolitisch auf eine (Re-)Zentralisierung setzte und sich ideologisch gegenüber der Jahrzehnte dominanten UdSSR abgrenzte. So sollte eine kapitalistische Restauration verhindert werden, die Fidel Castro im weiteren Verlauf der zitierten Rede kritisierte. Die inkriminierten Sowjet-Schriften forderten schließlich, so führte er aus, eine Abkehr von der „angemessenen und gerechten Handelsbeziehungen" und zielten darauf ab, „dass die UdSSR mit Kuba in einen ungleichen Handel eintritt, indem die Preise erhöht werden und sie zugleich unsere günstigen Agrarprodukte und

Rohstoffe einkaufen, ebenso wie es die USA mit der Dritten Welt praktizieren" (ibd).

Die so begründeten *rectificaciones* der zweiten Hälfte der 1980er Jahre führten, gepaart mit dem wenige Jahre zuvor einsetzenden Verfall des Zuckerpreises auf dem Weltmarkt, zu einer Verhärtung des ohnehin orthodoxen wirtschaftspolitischen Kurses: Das Primat der Politik über die Wirtschaft wurde gestärkt, um die Krise in den Griff zu bekommen.

Eine krasse Fehlentscheidung: Kubas Wirtschaft war mit einem erstarrten Planungssystem und einem massiv aufgeblähten Staatsapparat belastet, als der Rat für Gegenseitige Wirtschaftshilfe (RGW) am 28. Juni 1991 quasi über Nacht aufgelöst wurde (Henkel 1996: 52ff). Abrupt verlor Kuba rund 85 Prozent seines Außenhandelsvolumens, schmerzlich war vor allem das Wegbrechen der Erdölimporte aus der UdSSR. Dennoch wandte sich die politische Führung für die kommenden gut zehn Jahre mit dem unter Fidel Castro ausgerufenen Notwirtschaftsregime der *Período especial en tiempo de paz*9 tendenziell der Planwirtschaft zu und entschied sich wiederholt gegen die als erzwungen empfundene Öffnung zu marktwirtschaftlichen Mechanismen.

Ideologisch waren die neunziger Jahre von einer repressiven Abgrenzung gegen systemoppositionelle Gruppen in Kuba gekennzeichnet, was durchaus in Zusammenhang mit der Verschärfung der US-Blockade gegen Kuba 1996 zu sehen ist, die explizit auf einen Systemwechsel in dem Karibikstaat abzielte. In diesem Zusammenhang wird auch die Ochoa-De-la-Guardia-Affäre 1988/1989 kommentiert.10

Zugleich führte das Ende der UdSSR in Kuba durchaus auch zu einer Renaissance in der Debatte auf philosophischer und kulturpolitischer Ebene: Texte von Roland Barthes, Jacques Lacan, Jacques Derrida und Michel Foucault kamen massiv in Umlauf und hinterließen Spuren im Wirken junger Essayisten (Araújo 2002: 12-16) und Historikerinnen wie Marial Iglesias. Im staatlichen Diskurs wurde die Revolution in eine Parallele mit dem Befreiungskampf gestellt, was nach Jahren der Subordination unter die UdSSR einer partiellen Neudeutung der revolutionären Staatsidentität

---

9 Der Terminus ist eine Parallele zu der Período especial en tiempos de guerra, die Anfang der achtziger Jahre in Reaktion auf den Entzug des Militär-Beistandes der UdSSR im Falle eines US-Angriffes erklärt wurde.

10 General Arnaldo Ochoa Sánchez wurde im Juni 1989 neben Oberst Tony de la Guardia sowie den Hauptmännern Antonio Padrón und Jorge Martinez wegen Hochverrats hingerichtet. Michael Zeuske (Zeuske 2004: 241) verweist auf Spekulationen von Andrés Oppenheimer (Oppenheimer 1992: 17 ff) u.a., nach denen das Todesurteil mit Ochoas Unterstützung einer kubanischen Perestroika in Verbindung steht.

gleichkam. Die Aufwertung von Persönlichkeiten wie José Martí oder Felix Varela ermöglichte zugleich neue Allianzen, etwa mit der katholischen Kirche (Fornet-Betancourt/Sing 2001: 29).

I.1 Ökonomische Grundlagen

Die wirtschaftliche Entwicklung Kubas, deren koloniale Last noch in der aktuellen Phase des „Spätcastroismus" (Zeuske 2004: 301 ff) schwer wiegt, ist ein Spiegel der Geschichte militärischer, ökonomischer und handelspolitischer Abhängigkeiten. Erst zu Beginn des 21. Jahrhunderts und in Folge konzentrierter Bemühungen seit der zweiten Hälfte der neunziger Jahre bilden sich produzierende und produktive Wirtschaftszweige, die eine mittelfristige Diversifizierung der kubanischen Binnenökonomie erahnen lassen. Neben der zuletzt auch international anerkannten biotechnologischen Branche (Juma/Lee 2005) gehört dazu der Tourismus, die Förderung von Edelmetallen, vor allem Nickel, die Offshore-Förderung der Erdölvorkommen und die massiv wachsende Dienstleistungsbranche (Vázquez 2012: Interview). So soll in Mariel, rund 40 Kilometer außerhalb Havannas, mit brasilianischer Hilfe einer der größten Verladehäfen der Region entstehen.

Damit könnte es der kubanischen Regierung nach jahrzehntelangen Anstrengungen und immer neuen Rückschlägen gelingen, ein modernes und der globalisierten Wirtschaft entsprechendes Wirtschaftssystem aufzubauen. Eben dies war in den verschiedenen Phasen der revolutionären Wirtschaftspolitik misslungen oder konnte nur in Ansätzen durchgesetzt werden. Generell wird der Verlauf von 1959 bis 1989 in fünf Phasen eingeteilt (Marquetti Nodarse 2003: Interview). Nach (und partiell parallel zu) der Umverteilungsphase 1959-1962 wurde von 1961 bis 1970 der Zuckersektor massiv ausgebaut und Landbesitz beschränkt; das Bezugssystem der *libreta* wurde eingeführt. Von 1970 bis 1975 änderte sich das Konzept unter dem Eindruck einer anhaltenden Konsumkrise, es folgte 1972 die Eingliederung in den Rat für gegenseitige Wirtschaftshilfe (RGW). 1976 bis 1986 band sich Kuba eng an die UdSSR, um ab 1986 mit der Phase der *rectificación* auf einen eigenen sozialistischen Weg in Abgrenzung zur sowjetischen Reformpolitik zu beharren.

Tatsächlich war die kubanische Wirtschaft bis weit ins 20. Jahrhundert von einem vorindustriellen, kolonialen System dominiert worden. Die Landwirtschaft nahm dabei stets eine herausragende Rolle ein. In Kuba bestand der koloniale Latifundismus dadurch weitaus länger als in übrigen Staaten Lateinamerikas und der Karibik. Der monokulturelle Anbau traditioneller Güter wie Tabak, Zucker und Kaffee brachte das Land in eine massive und nachhaltige Abhängigkeit von dem Weltmarkt oder, besser gesagt, den industriestaatlichen Abnehmermärkten. Dass dieses Produktions- und Exportmodell in höchstem Maße krisenanfällig war, zeigte sich in der Wirtschaftsgeschichte mehrfach, zuletzt Anfang der achtziger Jahre des vergangenen Jahrhunderts.

Kuba war somit seit kolonialen Zeiten nicht nur ein strategisch wichtiger Standpunkt für die kolonialen Mächte und damit eine erweiterte Festungsanlage an einem neuralgischen Punkt der Handelsroute zwischen Europa und Amerika. Die größte der Antilleninseln wurde auch zu einer „wichtige Achse des Welthandels" (Burchardt 2001: 337), freilich ohne von dieser Entwicklung selbst gesellschaftlich Nutzen zu ziehen, Havanna ausgenommen. Die bis vor rund 130 Jahren andauernden Sklavenverschleppungen auf die kubanischen Plantagen, die massive „Einfuhr" von Arbeitskraft also, bildeten vielmehr die Basis für eine oft regional begrenzte wirtschaftliche Entwicklung, die weder eine hinreichende Kompatibilität mit folgenden industriellen Tendenzen aufwies, noch, gemessen an Wohlstand oder infrastruktureller Entwicklung, einen messbaren gesellschaftliche Fortschritt garantierte. Burchardt führt vor diesem Hintergrund zwei zentrale Problemstellungen auf. Zum einen sei in Kuba eine „agrarische, aber keineswegs landwirtschaftlich-bäuerliche Wirtschaftsformation" gewachsen, zum anderen sei die Abhängigkeit vom Weltmarkt ein schweres Erbe der Kolonialökonomie.

Dieser Gemengelage stand die revolutionäre Regierung 1959 gegenüber. Es mussten neben der in Lateinamerika und der Karibik virulenten Landfrage auch Probleme der Beschäftigungspolitik und die bestehende Ungleichheit im Import-Export-Regime gefunden werden. Diesen Aufgaben stellte sich die zunächst revolutionäre und später auch sozialistische Regierung mit hohem Elan (Aranda 1968; Valdés 1990).[11] Die soziale Lage auf dem Land war verheerend. Nur vier Prozent der Landarbeiter gaben an, regelmäßig Fleisch zu sich zu nehmen, Eier wurden nur von 2,12 Prozent der Befragten konsumiert. 43 Prozent der Bauern waren Analphabeten (Fernández Bustos 1969: 5).

Nach Jahren der Nothilfe setzte die kubanische Regierung zunehmend auf Verstaatlichung der Agrarwirtschaft und Zentralisierung der Produktion. Flankiert wurde diese inzwischen weitgehend als gescheitert betrachtete Agrarpolitik von einen verordneten Voluntarismus, der seinen Ausdruck

---

11 Wobei Aranda in seiner lange als Standardwerk behandelten Studie recht strikte Positionen vertritt, wenn er etwa schreibt, die Agrargenossenschaft "no constituye el modo más perfecto de propiedad en el camino del socialismo o comunismo, por el contrario supone y estimula las ideas de propiedad de grupos".

unter anderem in den Erntebrigaden der Studierenden fand sowie in der Gran Zafra 1970 kulminierte – und zugleich scheiterte. Mit dem Verfehlen des Ernteziels von zehn Millionen Tonnen Zuckerrohr geriet das auf Massenmobilisierung und Freiwilligenarbeit orientierte Modell in die Krise. Kuba schloss sich zwei Jahre später, 1972, dem RGW an und gliederte sich in das von Moskau orchestrierte globale System geteilter Produktion ein. Damit wurde die aus dem Kolonialismus geerbte Orientierung auf die Zuckerwirtschaft und wenige andere Agrarprodukte gefestigt (vgl. Tablada 2001: 25 ff.).

Die Eingliederung Kubas in das Produktion- und Entwicklungssystem des RGW fand synchron zu dem Ausbau des Internationalen Währungsfonds (IWF) statt.[12] Die Mechanismen waren vergleichbar: In beiden konkurrierenden Wirtschaftsbündnissen bekam ein Anwärterstaat zunächst den Beobachterstatus ohne Stimmrecht, musste in dieser Zeit jedoch sein Wirtschafts- und Produktionssystem den Vorgaben anpassen. Neben den oft ausschließlich betrachteten ökonomischen Vorgaben betraf die Eingliederung in den RGW jedoch auch die schulische und universitäre Lehre. Die Lehrpläne wurden an die der sozialistischen Staatengemeinschaft angeglichen:

> Entonces la estructura de la universidad cubana se puso en sintonía con la estructura del campo socialista. Y aquí en los escalafones una figura académica que hoy en día existe, que es el 'master', no existía, lo que había era un candidato a doctor y después un doctor. El sistema de división se hizo a partir de un libro escrito por un ruso famosísimo: Clasificación de las ciencias. (Exner u.a. 2003: 140)

Obgleich die nahezu bedingungslose Eingliederung in das RGW-System Kuba nach dem Wegfall der in dem Rat organisierten Handelspartner nach 1991 vor gigantische Probleme stellte, gelang der Führung in Havanna eine einzigartige Struktur- und Ausgleichspolitik zwischen Stadt und Land sowie zwischen dem traditionell gut entwickelten Westen (mit der Hauptstadt Havanna) und dem Osten des Landes. Der Ausgleich dieser Entwicklungsasymmetrien half in der schweren Krise nach 1991, katastrophalere Folgen in der Peripherie zu vermeiden. Zum anderen ermöglichte eine entsprechende Politik in den vorherigen Jahrzehnten, neue und dezentrale Strukturen aufzubauen, was sich neben der Wirtschaftspolitik auch in der Kulturpolitik niederschlug. Die negativen Erfahrungen mit dem RGW-System indes motivierten die Regierung unter Staats- und Regierungschef Raúl Ca-

---

12 Der IWF wurden 1944 gegründet, der RGW wurde fünf Jahre später, 1949, ins Leben gerufen.

stro nach der De-facto-Übernahme der Staatsgeschäfte im Sommer 2006, auf eine Diversifizierung der Außenhandelskontakte zu setzen, um nicht in eine einseitige Abhängigkeit von Venezuela zu geraten, wovor in der innerkubanischen Debatte wiederholt gewarnt worden war (u.a. Martín Astorga/Carralero Rodríguez 2011: 5).

I.2 Die Krise nach 1990/91

Im kubanischen Schicksalsjahr 1991 veröffentlichte der Salsa-Sänger Willy Chirino im Miami ein Lied, das die Erwartungshaltung der dort ansässigen anticastroistischen Exilanten deutlich zum Ausdruck brachte. Im Stück *Nuestro Día (Ya Viene Llegando)* besingt der 1947 in der Provinzhauptstadt Pinar del Río geborene Chirino die Hoffnung auf das Ende des kubanischen Sozialismus. Die Nachricht ist wenig subtil:

> Nicaragua ¡LIBRE! Colombia ¡LIBRE! Hungría ¡LIBRE! Checoslovaquia ¡LIBRE! Rumania ¡LIBRE! Alemania ¡LIBRE! Cuba ¡LIBRE! (Chirino 1991)[13]

Die Zuversicht Chirinos und seiner Fans speiste sich nicht nur aus der akuten Krise, sondern auch aus der Entwicklung der Vorjahre. Schon Ende der achtziger Jahre hatten die Mitgliedsstaaten des RGW die im Bündnis vereinbarten Lieferungen nach Kuba eingestellt oder gedrosselt. So kam es schon vor dem Auseinanderbrechen der Allianz „zu ernsten Versorgungsengpässen, von denen sowohl die landwirtschaftliche und industrielle Produktion als auch der private Konsum betroffen waren" (Widderich 2002: 1). Die massive Verschärfung durch die Auflösung des RGW fasste der kubanische Ökonom Julio Carranza Valdéz in Zahlen: 98 Prozent des Treibstoffs importierte Kuba Anfang der neunziger Jahre aus RGW-Staaten, 80 Prozent der Maschinen und immerhin 63 Prozent der Nahrungsmittel (Carranza 1996). Zudem war die UdSSR mit einem Gesamtvolumen von umgerechnet schätzungsweise einer Milliarde US-Dollar Netto-Transferleistungen der wichtigste Kreditgeber Havannas (Henkel 1996: 67).

Dass der Zusammenbruch dennoch ausblieb, lag an einer Öffnung des Systems, gezielten Aufbauprogrammen und einer rigiden Notwirtschaft. So war 1993 mit mehrstündigen Stromabschaltungen, Mangelwirtschaft und einem Haushaltsdefizit von 40 Prozent des Bruttoinlandsproduktes nicht nur der Höhepunkt der Krise erreicht. Die Regierung investierte zugleich gezielt in Schlüsselindustrien wie den Tourismus, Nickelabbau und Biotechnologie. Zudem wurde der Besitz des US-Dollars entkriminalisiert, obgleich gerade diese Maßnahme zu massiver Kritik und Debatten innerhalb

---

13 Eingehend wird der Umgang der Musik mit Aspekten des Wandels der kubanischen Gesellschaft in Kapitel III.2 behandelt.

des Regierungs- und Parteiapparates führte. Durch die Reform- und Modernisierungsmaßnahmen (1994 wurde erstmals ein Wirtschaftsministerium zur Förderung der internationalen Kooperation gegründet) konnten sogar die Folgen der verschärften US-Blockade und flankierender Sanktionsmaßnahmen der EU abgewendet werden.14

In das kollektive Gedächtnis der Kubanerinnen und Kubaner haben sich vor allem zwei Krisenerfahrungen eingebrannt, die mit den offiziellen Wirtschaftsstatistiken im Einklang stehen: der Mangel an Treibstoffen und der Mangel an Nahrungsmitteln. Diese Erfahrungen wurden auch in zahlreichen literarischen Werken verarbeitet (v.a. Padura 1991;1994;1997;1998). Dabei ist die Abhängigkeit von Nahrungsmittelimporten, die nach dem Wegfall der mittel- und osteuropäischen Handelspartner zu schweren Versorgungsengpässen führte, kein hausgemachtes Problem, wie europäische Kommentatoren mitunter glauben machen möchten.15 Tatsächlich ist bei einer Bilanz der kubanischen Wirtschaftspolitik der vergangenen Jahrzehnte zu konstatieren, dass die historischen Strukturprobleme trotz offensichtlicher Anstrengungen (Landreformen, Infrastruktur- und Ausgleichspolitik) nicht überwunden werden konnten. Tatsächlich blieb Kuba, nicht zuletzt durch die freiwillige Subordination und die Moskau-gesteuerte Planungspolitik, eine Zuckerinsel mit durchschnittlich 40 Prozent Nahrungsmittelimporten (Togores 2000: 110). Die Einfuhren von Nahrungsmitteln blieben damit eine „unabdingbare Notwendigkeit" (García u.a. 1996/1997) und beschäftigen die kubanische Landwirtschaftspolitik auch wieder verstärkt zu Beginn des zweiten Jahrzehnts des 21. Jahrhunderts.

Die Verbesserung der Lage kann mit der Neustrukturierung der landwirtschaftlichen Produktion in Verbindung gebracht werden. Noch bis 1993 verdoppelte sich der Anteil der Nahrungsmittelimporte auf 24 Prozent der

---

14 Mit dem Torricelli-Gesetz, oder, so die offizielle Bezeichnung, dem Cuban Democracy Act, wurde die Wirtschaftsblockade der USA 1992 erstmals seit der Raketenkrise 1962 signifikant verschärft. Vier Jahre später folgte das Helms-Burton-Gesetz, mit dem programmatischen Langnamen und Akronym Cuban Liberty and Democratic Solidarity (LIBERTAD). Parallel zu der zweiten Bestimmung setzte die rechtskonservative Regierung Spaniens unter José María Aznar den „Gemeinsamen Standpunkt" der Europäischen Union durch, der ebenfalls auf einen Systemwechsel in Kuba abzielt.

15 So heißt es in einem Wissenschaftsprogramm des Fernsehsenders 3Sat: „Für Landwirtschaft ist Kuba perfekt. Hier wächst alles, was die Natur erfunden hat. Sollte man meinen. Tatsächlich ist das Land stark von Lebensmittelimporten abhängig. Der Grund? Misswirtschaft." (Schmidt 2011)

Gesamteinfuhren und ein Viertel des gesamten Investitionsvolumens, um dann bis Ende der neunziger Jahre abzunehmen (Widderich 2002: 54), wobei die Quote nicht unter 17 Prozent der Gesamtimporte sank. Eine weitere Verbesserung der Versorgungslage hing wohl in erster Linie mit den 1993 gegründeten Agrargenossenschaften und dem teilweise liberalisierten Verkauf von Obst und Gemüse zusammen. Die als *Unidades Básicas de Producción Cooperativa* (UBPC) bekannten Gemeinschaftsbetriebe wurden ins Leben gerufen, nachdem ein weitgehend auf Improvisation, experimentelle urbane Anbaumodelle und Voluntarismus basierender Ernährungsplan gescheitert war. Dieser *plan alimentario* setzte auf die Selbstversorgung der städtischen Bevölkerung, vor allem in den großen Städten Havanna und Santiago, und plädierte vorrangig an den Freiwilligeneinsatz der Kubanerinnen und Kubaner, die zu Ernteeinsätzen auf dem Land aufgerufen wurden. Dabei waren die Ziele kaum zu erfüllen und zeugten von der Realitätsferne der Wirtschaftsplaner, die zunächst eine Produktionssteigerung von 121 Prozent bei Milch und Schweinefleisch anvisierten (Mesa Lago 1996: 69).

Charakteristisch für die Krise waren neben den stundenlangen Stromabschaltungen, den *apagones*, die Sattelzugomnibusse, mit denen seit 1994 das massive Transportproblem behoben werden sollte. Für die Sattelschlepper aus osteuropäischer Produktion wurden Anhänger hergestellt, die (planmäßig) bis zu 300 Gästen Raum gaben und das Straßenbild vor allem in Havanna über Jahre hinweg prägten. Die typische Form dieser kubanischen Omnibusse mit den beiden „Höckern" des Anhängers brachte ihnen umgehend den Spitznamen *camello* („Kamel") ein. Verwendet wurden zunächst ältere Ikarus-Busse aus ungarischer Produktion, um dann die kubanische Variante durchzusetzen, die im offiziellen Sprachgebrauch „Zug-Bus" hieß und, so die Darstellung der Verkehrsplaner, ein in Kuba schwer realisierbares Metronetz ersetzen sollte. Solche drastischen Lösungen waren nicht nur in Havanna nötig, um die Lähmung des Landes zu überwinden. Nach einer damaligen Studie im Auftrag der Nachrichtenagentur IPS nahm die Transportkapazität 1996 zwar wieder um 12,7 Prozent zu, erreichte dennoch lediglich 47,4 Prozent des durchschnittlichen Transportvermögens zwischen 1985 und 1990. Erst nach dem Jahrtausendwechsel gelang es mit neuen Geldmitteln und aufgrund der Integration Kubas in die lateinamerikanischen Märkte, den staatlichen Fuhrpark mit Omnibussen des chinesischen Unternehmens Zhengzhou Yutong Group Co. zu modernisieren. Alleine 2005 wurden 5.248 dieser Busse in das Land eingeführt, seither gibt es (zumindest in den Städten) geregelte Fahrpläne, die *camellos* werden nur noch in ländlichen Regionen eingesetzt. Die prekäre Transportlage fand nicht nur in einer Krimi-Tetralogie Leonardo Paduras Eingang, sie wurde auch in zeitgenössischen Musikstücken aufgegriffen. Ein Beispiel dafür ist das Salsa-Stück *La guagua* der 2003 verstorbenen US-Kubanerin Celia Cruz, das 1999 erschien und die Probleme der Passagiere beschreibt.

Trotz der beschriebenen, zum Teil immensen Probleme, die vor allem in der ersten Hälfte der neunziger Jahre zur Geltung kamen, stellte sich nach und nach eine wirtschaftliche Erholung ein. Grund dafür war vor allem der Devisenzufluss, der auf privater Ebene durch die *remesas* und in der Außenwirtschaft durch eine Zunahme der Kooperationen abgesichert wurde. Bis Ende 1995 wurden 212 bi- oder multilaterale Joint-Venture-Unternehmen registriert, die ein Gesamtvolumen von 2,1 Milliarden US-Dollar umsetzen (Díaz 2000: 145). Viel Geld wurde vor allem in den Tourismus investiert, um ihn als eine Säule der neuen, postsowjetischen Wirtschaft Kubas aufzubauen. So konnte die Bettenanzahl im Fremdenverkehr von 1990 bis 1995 verdoppelt, die Bruttoeinnahmen konnten sogar verdreifacht werden (was maßgeblich damit zusammenhängt, dass zuvor der Binnentourismus überwog). Mit dem Zufluss von Devisenwährungen erholte sich die Volkswirtschaft auf niedrigem Niveau wieder.16

Die neuen Einkünfte flossen in erster Linie in die verfallende Infrastruktur und die Sozialsysteme, um eine Stabilisierung zu erreichen und die im politischen Diskurs stets stark gewichteten *conquistas de la revolución*, die Errungenschaften der Revolution, zu garantieren. Jedoch ist es bis heute nur unzureichend gelungen, den angestrebten Zuliefersektor für die Tourismusindustrie im eigenen Land aufzubauen. Zahlreiche Produkte für den Fremdenverkehr müssen bis dato importiert werden und mindern so die Nettoerlöse aus diesem weiter wachsenden Wirtschaftsbereich.

Zwei Aspekte müssen im Zusammenhang mit dem Tourismus hervorgehoben werden.

Zum einen wuchsen die sozialen Netzwerke im informellen und vor allem auch im religiösen Bereich. Diese transnationalen religiösen Strukturen entwickelten seit den frühen neunziger Jahren eine bis dahin nicht gekannte Dynamik. Vor allem die afrokubanische Santería entfaltete mit der zeitgleichen Öffnung des Landes zum Tourismus große Wirkung, indem sie „dauerhafte reziproke Verbindungen" zwischen solventen Ausländern und ihren kubanischen „Paten" schafften. (Rauhut 2009: 208) Die so vor allem in die US-kubanische Gemeinschaft aufgebauten Verbindungen eigneten

---

16 1994 nahm das Bruttoinlandsprodukt mit 0,7 Prozent im Vergleich zum Vorjahr erstmals wieder leicht zu, 1995 betrug der Zuwachs schon 2,5 Prozent und 1996 7,8 Prozent – natürlich immer an der niedrigen Ausgangslage gemessen.

sich gleichsam als konkurrierende Netzwerke zu den bis dahin starken antikommunistischen Strukturen des Exils. Diese Tendenz wird ausführlich auch von Mahler und Hansing (Mahler/Hansing 2005) beschrieben. Vorausgegangen war freilich auch die Aufhebung eines Unvereinbarkeitsbeschlusses der Mitgliedschaft in der Kommunistischen Partei und einer religiösen Gruppierung 1991. Der zweite in der Literatur stark beachtete Aspekt des Massentourismus war die aufkommende Prostitution. So stellt Michael Zeuske fest:

> Die so genannte „Turistroika" – statt Perestroika – hat Folgen. Offen sichtbare Prostitution, Bettelei, Drogensucht, Betrug, Kriminalisierung und Korruption beziehungsweise obsessive Versuche, das Land auf welchem Weg auch immer zu verlassen, sind Folgeerscheinungen [...] (Zeuske 2004: 290)

Der Autor geht hier auch auf die Migrationsbewegungen ein, die sich mit der Krise stark veränderten. Gerade dieser Trend hatte erhebliche Auswirkungen auf die kulturelle Produktion, indem auch hier soziale Netzwerke wuchsen und so neue Einflüsse ins Land kamen. Entgegen den Jahren zwischen der Revolution 1959 und dem Ende der UdSSR setzte eine Diversifizierung der Emigration in die USA ein. Die Auswanderung seit 1959 war weniger politisch als vielmehr sozial motiviert, was sich in zunehmender Deutlichkeit in der sozialen und in Folge politischen Zusammensetzung der kubanischen Gemeinschaft in den USA widerspiegelte. Wissenschaftliche Autoren in Kuba kritisieren daher auch den Terminus des *exilio*, der jedwede Emigration mit den politischen Flüchtlingen nach 1959 gleichsetzte (und sanktionierte) (Aja Díaz 2001: 66). Die kubanische Führung wurde der neuen Situation indes mit der Schaffung des *Permiso de Residencia en el Exterior* (PRE) gerecht, einer vorübergehenden und verlängerbaren Ausreiseerlaubnis. Nach aktuellem Forschungsstand hat die PRE seither maßgeblich zu einer Flexibilisierung und Beförderung der temporären Migration beigetragen. Auf der anderen Seite haben die USA mit der Unterzeichnung eines migrationspolitischen bilateralen Abkommens 1994 ein Instrument geschaffen, um über verschiedene darin etablierte Mechanismen Einfluss auf die Art der Immigranten aus Kuba zu nehmen.[17]

Zu einem hat der so beförderte demografische Wandel zu dem heute deutlich positiveren Verhältnis der kubanischen Führung mit der auslandskubanischen Gemeinschaft, vor allem in den USA, beigetragen, zugleich

---

[17] Domínguez (2010, 4-6) erklärt u.a. damit den vermeintlichen Widerspruch zwischen den weiterhin bestehenden US-Blockadegesetzen gegen Kuba und der neuen bilateralen Kooperation.

spielten aber auch die erwarteten wirtschaftlichen Effekte einer Annäherung und die Arbeit von Lobbygruppen eine Rolle.

Im wissenschaftlichen und kulturellen Bereich haben die Kontakte (v.a. zu spanischen Verlagshäusern) zur Verbreitung von Autoren und Künstler beigetragen, deren Werke so auch wieder den weg nach Kuba und damit Eingang in die dortige Debatte fanden.

Während durch die neuen Migrationsbewegungen transnationale Netzwerke zwischen der inselkubanischen Bevölkerung und der *comunidad cubana* im Ausland entstanden, setzten die staatlichen Akteure Kubas verstärkt auf eine politische und wirtschaftliche Integration in die Märke des Südens. So stimmten die Staaten der in der UNO organisierten „Gruppe der 77" (G-77) im April 2000 in Havanna ihre Positionen für den bevorstehenden Millenniumsgipfel der Vereinten Nationen ab (Neuber 2000a; 2000b).

Auf dieser Basis ist seit gut einem Jahrzehnt auch in Lateinamerika ein politischer Wandel zu beobachten, in dessen Rahmen linke und Mitte-Links-Regierungen gewählt und im Amt bestätigt sowie soziale Bewegungen politisch aufgewertet wurden (Niese 2011). Das sichtbarste Ergebnis dieser Tendenz auf supranationaler Ebene ist die Gründung des Staatenbundes *Alianza Bolivariana para los Pueblos de Nuestra América – Tratado de Comercio de los Pueblos* (ALBA-TCP), der von Kuba und Venezuela Ende 2004 ins Leben gerufen wurde und inzwischen rund ein Dutzend Länder Lateinamerikas und der Karibik umfasst. Deutsche Quellen weisen mehrheitlich darauf hin, dass das ALBA-TCP gegenüber anderen wirtschaftspolitischen Bündnissen der Region – vor allem dem Mercosur – lediglich „Achtungserfolge" vorzuweisen habe und sprechen der Initiative damit implizit Effizienz ab. Errungenschaften werden als Ergebnisse der „ressourcengestützen Scheckbuchdiplomatie" Venezuelas (Flemes 2009: 1) und „Machtbündnis zur Durchsetzung der ureigenen Interessen des venezolanischen Präsidenten Hugo Chávez" (Detsch 2010: 1) dargestellt. Kubanische und venezolanische Beiträge zur Entwicklung des Bündnisses unterstreichen dem entgegen, dass es bei ALBA-TCP weniger um das Erreichen kurzfristiger makroökonomischer Erfolge, sondern – gemäß der Doktrin einer aufholenden Entwicklung – um eine nachhaltige, strukturelle Loslösung von wirtschaftlichen und wissenschaftlichen Abhängigkeiten von den globalen industriellen Zentren geht. Der Aktionsraum wird damit auf eine entwicklungspolitische Metaebene verlegt, in der Spielräume für konkrete wirtschaftspolitische Maßnahmen ausgehandelt werden. Die Rolle von ALBA-TCP muss diesen Quellen zufolge auch im Aufbau der für eine funktionelle Wissensökonomie notwendigen wissenschaftlichen Institutionalität liegen, zudem seien die beteiligten Staaten gefordert, die Ausgaben für Forschung und Entwicklung abzusichern, um die Nachhaltigkeit der (Re-)Industrialisierung Lateinamerikas zu erreichen (Martín Astorga/Carralero Rodríguez 2011: 3ff). Bislang leide der Wirtschaftsraum des ALBA-TCP unter einer strukturellen Abhängigkeit von den industriellen Zentren und globalen Institutionen wie Weltbank und IWF. Diese Dependenzen stellten mit die größte Gefahr für die Ziele von ALBA-TCP dar.

Konventionell messbare Ergebnisse hat das Bündnis bislang vor allem für Kuba gebracht, dessen Wirtschaft in den Genuss günstiger Erdöllieferungen aus Venezuela gekommen ist. Ähnliche Wirtschaftsabkommen wurden im Rahmen der regionalen ALBA-TCP-Politik jedoch auch zwischen Venezuela und anderen Staaten der Region geschlossen. Auch kubanische Beobachter weisen durchaus kritisch auf die Abhängigkeit von Venezuela hin, betonen jedoch auch die mittel- und langfristigen Ziele der ALBA-TCP-Politik, die im Aufbau eines autarken wirtschaftspolitischen Verbundes mit mehreren Zentren in Lateinamerika und der Karibik lägen (Martín Astorga/Carralero Rodríguez 2011: 5).

Diskursiv ist die Entwicklung der ALBA-TCP – gerade von Kuba aus betrachtet – von der Dependenz- und der folgenden, v.a. von Immanuel Wallerstein konzipierten Weltsystem-Theorie bestimmt. Erklärtes Ziel ist die Vernetzung von Staaten der Peripherie und der Semi-Peripherie, wobei sich die Bündnispolitik der ALBA-TCP nicht nur auf Staaten der Region beschränkt, sondern das Kontaktnetz in die arabische Region (Libyen, Syrien u.a.), in den euroasiatischen Raum (Russland, Iran u.a.) sowie nach Afrika erweitert. Damit einhergehend entstehen wissenschaftliche Nachwuchsnetzwerke.[18] Diese langjährige Politik Kubas widerspiegelt sich nun im ALBA-TCP und lässt den Einfluss Havannas erahnen. Der so in Gang gekommene Integrationsprozess stützt sich geschichtlich und ideologisch vor allem auf die Vordenker der Befreiungsbewegungen des 19. Jahrhunderts. Die angestrebte „zweite Befreiung" findet ihre Berechtigung nicht nur in den Thesen des Kubaners José Martí, sondern auch in Person und Ideen des in Venezuela verehrten Generals der antikolonialen Kräfte, Simón Bolívar. Eine so beförderte Bewegung *Nuestra América*[19] ist offen darauf angelegt, die kulturelle Hegemonie vor allem der USA im Gramsci'schen Sinne zu-

---

18 Venezuela hat ein Austauschprogramm zwischen den Bolivarianischen Universitäten und Hochschulen in Iran geschaffen, während US-Studierende für die Lateinamerikanische Medizinschule in Havanna über progressive protestantische Gruppen in den Vereinigten Staaten rekrutiert werden.

19 Nuestra América bezeichnet die auf Francisco de Miranda und Simón Bolívar zurückgehende kontinentale Einigungsbewegung im lateinamerikanischen und karibischen Raum, die auf die antikolonialen Befreiungsbewegungen zurückgehen.

rückzudrängen. Bestätigt wird diese Intention durch den Aufbau eigener bildungspolitischer, wissenschaftlicher, kultureller und medialer Strukturen in den Mitgliedsstaaten der ALBA, die sich in den vergangenen Jahren als alternative Hegemonieapparate zu bewähren vermochten.

In diesem Zusammenhang spielt der zunehmend messbare Ausbau der Rohstoff- und Wissenschaftsindustrie Kubas eine Doppelrolle, indem die binnenökonomische Entwicklung abgesichert und die Integration in alternativen, geopolitischen Netzwerken befördert wird.

Kuba weist institutionell, politisch und kulturell im Jahr 2010 erhebliche Unterschiede zur Lage 1990 auf, auch wenn Anachronismen im Inneren und Äußeren fortbestehen. Der nach wie vor sozialistische Staat ist heute nicht nur integraler Bestandteil der lateinamerikanischen Gemeinschaft, was sich in der Mitgliedschaft in Regionalorganisationen wie der Celac oder der Rio-Gruppe ausdrückt. Allein der Organisation Amerikanischer Staaten (OAS) gehört Kuba nicht an. Das Selbstverständnis hat sich erheblich verändert; der staatliche Diskurs hebt heute die Geschichte und Akteure der lateinamerikanischen und karibischen Emanzipationsbewegung hervor und verknüpft diese außen- und innenpolitisch wirkenden Bezugspunkte mit einer geopolitischen Perspektive.

Die zunehmende Vernetzung hat neue Akzente in der politischen und kulturellen Debatte gesetzt. Heute gibt es vitale Kontakte zu den kubanischen Auslandsgemeinden, während auch mit Kritikern ein Dialog geführt wird. Der kubanische Staat hat gewissermaßen verstanden, zwischen Akteuren zu unterscheiden, so dass der Ausschluss aus der Debatte fast nur noch jene trifft, die mit externer Unterstützung auf einen Systemwechsel hinarbeiten. Die pauschale Verdammung des „Exils" gehört der Vergangenheit an und ist Gegenstand kritischer Auseinandersetzungen.

Wirtschaftspolitisch lässt sich nach der Notwirtschaft (1990-1993), der Liberalisierung (1993-1996) und der zentralistischen Konsolidierung (1997-2006) ein Modernisierungsprojekt erkennen, das mit der zunächst provisorischen und seit 2008 offiziellen Regierungsübernahme durch Raúl Castro initiiert wurde. Dazu gehören verstärkte Anstrengungen, die strukturellen Probleme des abrupten Wandels nach 1990 zu überwinden, was vor allem in einem seit 2010 diskutierten Leitlinienpapier zum Ausdruck kommt (PCC 2011). Mit dem Modernisierungsprojekt einhergeht nicht nur die angekündigte Entlassung von bis zu einer Million Staatsbediensteten, sondern auch das Ende der Kampagnenpolitik und des Voluntarismus, der die neunziger Jahre und nochmals die Jahre zwischen 1999 und 2006 bestimmte und zuletzt in dem von Fidel Castro initiierten *batalla de las ideas* Ausdruck fand, einer Ideologie- und Bildungsinitiative.

Der kubanische Staat setzt zu Beginn des zweiten Jahrzehnts des 21. Jahrhunderts auf verstärkte Eigeninitiative und versucht, die zuvor breit angelegte Subventionierung ineffizienter Wirtschaftsstrukturen abzuschaffen. Er zielt damit gleichermaßen darauf ab, den durch externe Faktoren provozierten Wandel der vergangenen Jahre in die eigene Planung zu integrieren. Dieser Prozess spiegelt sich aktiv und passiv in der Kulturpolitik und den kulturellen Institutionen wieder, in denen wiederholt Eckpunkte der vielschichtigen Transitionsprozesse der vergangenen Jahre ausgehandelt wurden.

II. Institutionen und Kulturpolitik im Wandel

Der Stagnation des außenwirtschaftlichen und handelspolitischen Regimes im Jahr 1991 wirkte sich in einem erheblichen Maße auch auf die kulturelle Produktion aus. Wie von Victor Fowler eingangs beschrieben, war der erzwungene Rückzug ins Private eine Folge des Zusammenbruchs der Arbeit kultureller Institutionen. Erst allmählich, im Laufe der Jahre 1991 und 1992, nahmen Künstler und Intellektuelle die Arbeit wieder auf, damals oft noch in privaten Kreisen. Einige der in dieser Zeit entstandenen Foren prägten die literarische Produktion während der gesamten neunziger Jahre und wirken über die damals entstandenen transnationalen Netzwerke zwischen emigrierten Autoren und Schriftstellern auf der Insel bis heute nach. Eines der bekanntesten Beispiele ist der literarische Zirkel Azotea de Reina, der von Mitgliedern der Schriftstellergeneration der achtziger Jahre gegründet wurde (Tejada 1997: 69).

Die wirtschaftliche Paralyse dauerte nach Einschätzung des Ökonomen Hiram Marquetti Nodarse bis zum Jahr 1993 an (Marquetti Nodarse 2003: Interview). Während dieser Zeit habe das vorrangige Ziel der kubanischen Führung in der Grundversorgung der Bevölkerung mit Nahrungsmitteln und Dienstleitungen bestanden. Von 1993 bis 1997 folgte laut Marquetti Nodarse die Öffnung zum Tourismus und die Erschließung neuer Märkte.

Vor allem der publizistische Raum veränderte sich in diesem Zeitraum nachhaltig. Zahlreiche kirchliche Publikationen konnten sich in den Jahren der Krise etablieren, weil vor allem die katholischen Gemeinden Zugang zu einem funktionierenden Verlagswesen und Ressourcen in anderen Staaten der Region hatten. Hinzu kam das parallel zum Tourismus ausgebaute Internet als Publikationsraum, der allerdings in den ersten Jahren – anders als heute – vor allem im Ausland und nicht im Land selber seine Wirkung entfaltete. Die ersten literarischen Zirkel und kulturellen Projekte in der ersten Hälfte der neunziger Jahre verbreiteten ihre Publikationen mittels eigener Kopien oder Risographien. Im Fall des Verlages Vigía mit Sitz in Matanzas wurden Bücher, die Idee wurde aus der Not geboren, mit selbst geschöpftem Papier produziert. Heute verkauft der Verlag diese Kunstbücher in Devisen.

Die Reorganisation der kulturellen Sphäre schuf die Basis für die spätere Aufstellung des campo cultural cubano, zumal zahlreiche ausländische Verlage Kuba als Betätigungsfeld entdeckten und so wesentlich zur Aufwertung der literarischen Produktion jener Jahre beitrugen. Im Folgenden steht daher die Literaturproduktion im Kuba jener Jahre im Zentrum.

II.1 Die kulturelle Produktion der *Período especial*

In der kulturellen Sphäre Kubas traf der weitgehende Zusammenbruch der Wirtschaft Anfang der neunziger Jahre neben den audiovisuellen Medien vor allem das Verlagswesen, während der in beiden Bereichen bestehende Materialmangel sich spürbar schwächer in anderen Bereichen wie dem Theaterwesen oder der Bildhauerei auswirkte. Am stärksten wirkte sich die Krise im Verlagswesen aus, weil der Buchproduktion seit der Kubanischen Revolution 1959 massive staatliche Subventionen zuteil wurden, die nun im bisherigen Maße ausblieben. In den siebziger Jahren des vorigen Jahrhunderts kostete ein Hardcover-Taschenbuch in Kuba zwischen fünf und sechs Peso (Dueñas 2003: Interview). Angesichts der Notwirtschaft in der ersten Hälfte der neunziger Jahre waren diese Finanzzuschüsse für Materialien nicht mehr möglich. Nach Angaben Dueñas' wurden überregional verbreitete Bücher nur noch mit maximal 10.000 Exemplaren verlegt, gemeinhin betrugen Druckauflagen nicht mehr als 5.000 Exemplare, was für ein lesefreudiges Land wie Kuba enorm wenig ist.

Angesichts der Krise des Verlagswesens, die sich auch nach den neunziger Jahren nicht vollends lösen ließ, wurden von staatlich-institutioneller Seite neue Modelle zur Auflage und Verbreitung von Publikationen entwickelt. Eines der bedeutendsten Projekte in diesem Zusammenhang war die *biblioteca familiar*, die „Familienbibliothek". Auf Zeitungspapier wurden seit dem Jahr 2002 klassische Werke der Weltliteratur gedruckt. Mitunter wurden auch kubanische Erstausgaben, wie die vom französisch-spanischen Publizisten Ignacio Ramonet veröffentlichte Interview-Biografie Fidel Castros, parallel als günstigere „Tabloide-Ausgabe" in Umlauf gebracht. Die Billigdruckvariante fand Verbreitung, um Bücher schnell produzieren und preiswert anbieten zu können. Texte von Antoine de Saint-Exupéry bis Stefan Zweig waren auf Zeitungspapier für wenige Pesos erhältlich. Bei dem Vorhaben griff das Redaktionsteam um Dueñas auf Erfahrungen nach der Revolution zurück, als Miguel de Cervantes' Don Quijote von der Nationaldruckerei massenhaft aufgelegt und verteilt wurde. Die Ironie der Geschichte ist, dass das Projekt nach wenigen Jahren an den hohen Anforderungen der kubanischen Leserschaft gescheitert ist (Guerra 2007: Interview). Die „Literaturzeitungen" haben sich nicht durchgesetzt, weil die Kubaner seit der Revolution eine hohe Lesekultur gewöhnt waren. Auch Guerra verweist darauf, dass Bücher von der revolutionären Regierung von jeher subventioniert wurden. Der langjährige Kulturminister Abel Prieto hatte den Durchschnittspreis zuvor auf fünf Peso pro Buch beziffert, rund 16 Eurocent.

Im Untersuchungszeitraum fanden vor allem im Verlagswesen mehrere Reformen statt, die zum einen Erfolge vorzuweisen hatten, in anderen Bereichen inzwischen jedoch kritisch bewertet werden. Zu nennen ist in diesem Zusammenhang zunächst die Dezentralisierung der Bücherproduktion und die Einrichtung der Provinzverlage ab dem Jahr 2000. Die Idee hinter dieser vom Kubanischen Buchinstitut (ICL) entwickelten Strukturreform lag darin, den Zugang von Schriftstellerinnen und Schriftstellern zu Produktions- und Distributionsmechanismen auch in den von der Hauptstadt entfernten Landesteilen zu gewährleisten. Diese Strategie steht mit der Förderung kultureller Institutionen in den ländlichen Bereichen im Einklang.

Verwendet wurden für die Buchproduktionen in den 15 Provinzen und dem Verwaltungsgebiet *Isla de la Juventud* vorrangig Risographen, ursprünglich in Japan entwickelte Schablonendruckmaschinen. Die Provinzverlage mit angegliederten Druckereien sollten dazu beitragen, das in der Hauptstadt Havanna ansässige ICL mit zuletzt einer jährlichen Produktion von bis zu 30 Titeln zu entlasten. Allerdings stellten sich rasch die Nachteile der „Risographen-Revolution" heraus, die ein Jahrzehnt später von dem Journalisten und Essayisten Antonio Enrique González Rojas beschrieben wurden (González Rojas 2011). Nach seinem Urteil hat die Dezentralisierung nicht wie beabsichtigt zur Chancengleichheit im gesamten Staatsgebiet beigetragen, sondern die Isolation jener begünstigt, die keinen Zugang zum hauptstädtischen Verlagswesen haben:

> Perviven aún las reducidas tiradas "promocionales" de mucho y muy bueno escrito a lo largo del Caimán, de medianamente buena o mala calidad gráfica, pobremente distribuidas y divulgadas fuera del terruño, por evidentes carencias cuantitativas, ergo, los escritores de calidad [...] permanecen como talentos locales, orgullos provinciales o peor, provincianos, lanzados al margen de posibles futuras historias, recuentos o ensayos sobre tendencias, estéticas y poéticas. [...] Así, la revolución Riso del 2000 ha devenido boomerang subversor de las nobles y paternales intenciones. (González Rojas 2011)

Während die Staatsführung die Tagespresse zuerst versorgen ließ, änderte sich die Lage im ersten Jahrzehnt des neuen Millenniums. Inzwischen werden die Tageszeitungen Granma und Juventud Rebelde mit Rotationsdruckmaschinen produziert, die 1986 von der ostdeutschen Plauener Maschinenbau AG (Plamag) eigens für Kuba gefertigt wurden (Neuber 2009). Die vier funktionierenden der insgesamt sechs Turmwerke wurden im Jahr 2009 mit monatlich 450 Tonnen Druckpapierwalzen versorgt, um die beiden nationalen Tageszeitungen und 25 weitere Lokalblätter zu produzieren (Sánchez Sierra 2009: Interview). Für die Buchproduktion wurden 2003 die beiden Druckereien Federico Engels und Alejo Carpentier für 3,7 Millionen

US-Dollar modernisiert. Mit einer stündlichen Kapazität von 12.000 Büchern werden auch entlegene Landesteile versorgt.

Die zum Teil experimentelle Entwicklung des Verlagswesens nach 1990 war von dem Gedanken des einheitlichen Zugangs zu den ineinander greifenden Sphären von Bildung, Kunst und Literatur geprägt. In diesem Zusammenhang stehen auch mediale Projekte wie das im September 2002 gegründete Bildungsfernsehen Canal Educativo das auch im Rahmen von Lehrplänen in Schulen zum Einsatz kommt.

Kontrovers behandelt wurde in der Medienpolitik der Umgang mit dem Internet. Während im politischen Diskurs außerhalb Kubas die Beschränkungen des Internets betont werden (Hoffmann 2002: 10), weisen kubanischen Autoren auf den frühen Aufbau von Computer-Clubs und Internetcafés hin – auch wenn diese freilich in die Strukturen der Kommunistischen Jugendorganisation UJC eingebunden sind (García Luis 1997: 8). Dass das Internet in Kuba „keinen Einfluss" hat, wie der regierungskritische Essayist Antonio José Ponte gegenüber dem Autoren konstatierte (Ponte 2003: Interview), ist eine inzwischen nicht mehr aufrecht zu erhaltene These. Mit dem zunehmenden Zugang zur touristischen Infrastruktur und dem US-Dollar werden Internetzugänge in Einrichtungen des Fremdenverkehrs genutzt, zudem wurde das Internet- und Computersystem in Schulen, Universitäten und priorisierten Wirtschaftsbetrieben soweit ausgebaut, dass Informationen über Speichermedien Verbreitung finden und so auch Einfluss auf politische Diskurse haben.[20] Das Hauptproblem in diesem Zusammenhang bleibt die Anbindung Kubas ans Internet.

Parallel zu den beschriebenen institutionellen Entwicklungen wurden im Rahmen der politischen Mobilisierungskampagnen, dem *batalla de ideas*, nach 1999 auch bildungspolitische Ziele definiert, die sich in der Herausbildung eines literarischen Kanons niederschlagen. In Zusammenarbeit mit dem Bildungsministerium wurde eine Liste mit Werken zusammengestellt, die alle Schüler lesen sollten. In dieser Liste des zuständigen *Programa Editorial Libertad* finden sich neben Atlanten und Kartenwerken die Historia de Cuba von Eduardo Moisés Torres Cuevas, José Martís *La edad de oro*, Ernesto Guevaras Bolivianisches Tagebuch und *Pasajes de la Guerra Revolucionaria*.

---

20 Ein Beispiel dafür ist eine Debatte zwischen Studierenden der Informatikuniversität in Havanna, UCI, und dem Parlamentspräsidenten Ricardo Alarcón, die als Videodatei in Kuba kursierte und mit mehrmonatigen Abstand Eingang in internationaler Medien fand: http://www.youtube.com/watch?v=42T0BNNHZA0

II.2 Formen kultureller (Re-)Organisation

Durch die auch nach Beginn der Spezialperiode grundsätzlich beibehaltene staatliche Unterstützung konnte trotz des Einbruchs der Auflagen ein Verlagssterben in den neunziger Jahre verhindert werden. Im Jahr 2002 existierten in Kuba 126 Verlagshäuser (Lara 2003: Interview). Die institutionelle Planung beschränkte sich zunächst darauf, die Arbeitsfähigkeit der Publikationseinrichtungen auf staatlicher Ebene und in den Provinzen des Landes zu gewährleisten: Jedem Ministerium und jeder Provinzhauptstadt wurde ein Verlagshaus garantiert. Entgegen der späteren Einschätzung von González Rojas (II.1) ging der Funktionär Lara 2003 noch davon aus, „durch den Prozess der (geografischen, d.A.) Dezentralisierung zur Effizienzsteigerung" beizutragen.

Eine verbreitete Methode, um Nachwuchsautoren die Möglichkeit zur Veröffentlichung zu geben, war neben literarischen Onlinepublikationen wie dem Portal cubaliteraria.cu (gegründet 2001) die Herausgabe von Anthologien, deren Zahl nach 1990 deutlich zunahm. Allein das Kubanische Buchinstitut schrieb nach 1990 sieben Literaturpreise für unterschiedliche Genres aus, um die Auswahl für die Sammelbände mit Essays oder narrativen Werken zu unterstützen. Junge Schriftsteller wie die Autorin Ena Lucía Portela wurden so zunächst in Kuba bekannt und dann von ausländischen Verlagen publiziert.

Um die wirtschaftliche Handlungsfähigkeit wieder zu erlangen, wurde dem Ausbau der Kooperation mit ausländischen, vor allem europäischen Verlagshäusern Priorität gegeben. Entgegen einer in der kulturanthropologischen Forschung landläufigen Meinung wuchsen transnationale Netzwerke nicht durch wirtschaftlich, familiär und religiös motivierte Migrationsbewegungen (u.a. Aja/Milán/Díaz 1995; Mahler/Hansing 2005; Rauhut 2007), sondern auch durch staatlich-institutionelle Förderung. Beachtlich dabei ist die Herausbildung politisch-diskursiver Differenzen zwischen Publikationen in Kuba und bi-, und multinationalen Veröffentlichungen, worauf im Folgenden noch eingegangen wird. Im Jahr 2002 bestanden zwölf feste, also vertraglich dauerhaft angelegte Verlagskooperationen, die maßgeblich darauf ausgelegt waren, die Branche in Kuba durch Devisenzuflüsse zu finanzieren. Der massive Ausbau der Internationalen Buchmesse von Havanna seit Ende der neunziger Jahre steht in diesem Zusammenhang. Die inzwischen zweitgrößte Literaturschau Lateinamerikas nach der *Feria del Libro* im mexikanischen Guadalajara hatte schon seit Anfang der achtziger Jahre bestanden, fristete jedoch lange ein Nischendasein. Nach Angaben des Kubanischen Buchinstituts ging die Strategie auf: Während auf dem Klimax der Spezialperiode 1993 und 1994 die Hälfte der kubanischen Buchproduktion für den im Entstehen begriffenen Devisenmarkt produziert werden musste, konnten auf der Buchmesse 2003 wieder rund 80 Titel in Kubanischen Pesos angeboten werden (Lara 2003: Interview). Parallel entstanden zahlreiche Periodika für den Devisenmarkt in Kuba und im Ausland. Zu der Zielgruppe gehören Experten aus verschiedenen Wirtschaftsbereichen, aber auch Kubanerinnen und Kubaner, die dauerhaft im Ausland leben. Die Entstehung transnationaler Netzwerke in Publizistik, Kulturpolitik und im Kommunikationswesen wurde spätestens seit dem Jahr 2000 parallel zu regierungsunabhängigen Akteuren auch von staatlicher Seite in Kuba vorangetrieben, wobei zunehmende Interaktionen zu beobachten sind.[21]

Klare Priorität hatte bei der Vergabe der raren staatlichen Subventionen in den neunziger Jahren die Publikation von kanonisierten Werken der kubanischen Literatur (vgl. II.1) sowie Kinder- und Jugendliteratur. Die Entscheidungen über die jeweiligen Verlagsprogramme werden seither neben einem *Consejo Editorial* und einem *Consejo Técnico Asesor* von den sogenannten *Comités de Lectores* gefällt. Die Beurteilung dieses Selektionsmechanismus' fällt sehr unterschiedlich aus. Während der Essayist und Kulturanthropologe Roberto Zurbano die politische Diskussionskultur in den *Consejos Editoriales* als positiv hervorhebt (Zurbano 2012: Interview), kam es in den stärker zentralisierten Bereichen Radio und Fernsehen historisch betrachtet eher zu Konflikten. Paquito D'Rivera (1998: 211) zitiert den Liedermacher Pablo Milanés aus einem Gespräch über die Politik des Kubanischen Radio- und Fernsehinstitutes:

> Damn it, every time that I come with a new song, [radio and television administrator] Papito [Serguera] has to listen to it first along with the folks on the commission of revolutionary ethics. The party makes me chance pieces of the text if they believe this ort that section might be misinterpreted.[22]

---

[21] Zahleiche kubanische Schriftsteller publizieren inzwischen in Kuba und im Ausland, wobei die Vereinfachung der Migrationsbewegungen von kubanischer Seite maßgeblich zu der Flexibilisierung beigetragen hat. Nicht auf explizite Akzeptanz, aber auf Duldung stößt die Kooperation von Autoren und kulturpolitischen Akteuren mit ursprünglichen Exilpublikationen wie Encuentros de la Cultura Cubana in Madrid, wobei, wie erwähnt, strikt zwischen der Publikationsraum Kuba und der Diaspora unterschieden wird. Parallel wurden mit Publikationen wie der Zeitschrift Correo de Cuba und einer zunehmenden Anzahl von Onlineangeboten neue transnationale Publikationsräume geschaffen. Es stellt sich daher nicht mehr die Frage, exklusiv in Kuba oder im Ausland zu publizieren oder kulturell aktiv zu sein.

[22] Zitiert nach Moore (2006: 151)

Auch wenn sich das Zitat Milanes' auf die Zeit vor 1990 bezog – Moore zitiert ihn in Zusammenhang mit dem sogenannten *Quinquenio Gris* Anfang der siebziger Jahre – wirkt diese Phase der revolutionären Kulturpolitik in den Debatten nach (vgl. III.1.2).

Mehr noch als im Verlagswesen wurden die Zäsuren der neunziger Jahre in literarischen Zirkeln und in der Gründung neuer sowie in Veränderungen bestehender Periodika deutlich. Diese Entwicklung ist nicht erstaunlich: Historisch betrachtet hatten die Umbrüche in der revolutionären Kulturpolitik stets nachhaltige Folgen auf die Zeitungen und Zeitschriften in Kuba (und jüngst auch in der Diaspora). Nach der Neuordnung der kulturellen Sphäre Mitte der sechziger Jahre – und durchaus auch in Reaktion auf repressive kulturpolitische Maßnahmen wie das später vielfach kritisierte Verbot des Dokumentarfilms PM von Sabá Cabrera Infante und Orlando Jiménez Leal im Jahr 1961 – wurde 1966 die Zeitung für Jugendkultur El *Caimán Barbudo* ins Leben gerufen. Einer ihrer Chefredakteure, Jesús Díaz, gründete nach der (politisch motivierten) Emigration aus Kuba in den neunziger Jahren wiederum die in Madrid erscheinende regierungskritische Zeitschrift *Encuentro de la Cultura Cubana*.

Weitgehend unbeachtet setzte in den neunziger Jahren auch in Kuba ein wahrer Boom neuer Periodika ein. An der Schwelle zwischen der Loslösung von der UdSSR Ende der achtziger Jahre und dem Anfang der neunziger Jahre bietet vor allem die Zeitschrift *Naranja Dulce* ein interessantes Beispiel für neuentstehende publizistische Freiräume (Zurbano 2012: Interview). Die Zeitschrift erschien in mehreren Nummern als Beilage des *Caimán Barbudo* und wurde nach Beginn der Spezialperiode wieder eingestellt (vgl. III.1.1). Die kulturellen und politischen Diskurse neuer Publikationen hatten Einfluss auf die etablierten Medien wie die Zeitschriften *Unión und Revolución y Cultura*. (a.a.O.).

Zurbano hebt die hohe Fluktuation in dem Bereich hervor. Von den rund einhundert überregional erscheinenden Kulturzeitschriften würden von relativ vielen nur einige Nummern erscheinen, wozu neben dem andauernden Materialmangel auch die wechselnden redaktionellen Konstellationen und die Migration von Verantwortlichen beitragen. Auch die obligatorische Bindung einer offiziellen Publikation an eine kulturelle Institution vermochte es nicht, die Beständigkeit der redaktionellen Arbeit in jedem Fall zu sichern. Ein ähnliches Phänomen war bei unabhängigen Publikationen wie *Diáspora(s)* oder *Azoteas* zu beobachten.

Als erfolgreicher sind in diesem Zusammenhang religiöse Publikationen zu bewerten, vor allem jene der katholischen Kirche. Landesweit gibt es rund zwei Dutzend Zeitschriften, alleine in der Provinz Havanna erscheinen fünf katholische Periodika. Mit der Annäherung zwischen dem kubanischen Staat und dem Vatikan und seit dem Papstbesuch 1998 nehmen diese Publikationen eine zunehmende politische Rolle ein, wie die Zeitschrift *Palabra Nueva* der Diözese Havanna.

Inmitten der Wirtschafts-, Gesellschafts- und Ideologiekrise der neunziger Jahre fand man vielerorts auch unabhängig von der unmittelbaren staatlichen Institutionalität kreative Lösungen, um die kulturpolitische Arbeit beizubehalten. Im publizistischen Raum ist eines der bis heute (auch international) bekanntesten Beispiele das Kulturprojekt und Verlagshaus Vigía mit Sitz im ostkubanischen Matanzas. Der 1985 gegründete Lokalverlag wurde zu Beginn der neunziger Jahre zu einem Treffpunkt junger Autoren. Zum einen fanden in den Räumen Lesungen und Debatten statt, zum anderen war Editoriales Vigía aus einem ganz eigenen Grund spannend: In einem Workshop wurden Bücher auf selbst geschöpftem Papier mit kleiner Auflage produziert. Angesichts des weitgehenden Zusammenbruchs der etablierten Verlags- und Druckereistruktur bot das Nischenangebot einen Ausweg (Ruiz 2003: Interview). Hefte junger Autoren, die an den Arbeitsgruppen teilnahmen, wurden verschenkt.

In den ersten Jahren der Neunziger wurde Editoriales Vigía damit von einem publizistischen Kleinprojekt zu einem der landesweit wichtigsten Zentren junger Publizistik – und damit zugleich zu einem Zentrum politischer Debatten. Der Verlag nahm damit eine Rolle ein, die sonst nur von den außerstaatlichen und meist in Havanna angesiedelten *círculos literarios* erfüllt wurde (vgl. III.1.1). Das Engagement des kleinen Verlagshauses aus Matanzas wurde bald international anerkannt, Auszeichnungen etwa im benachbarten Mexiko folgten. Mit der neuen Prominenz ging allerdings auch ein Etablierungsprozess einher, der den avantgardistischen Charakter des Projektes minderte. In der zweiten Hälfte der neunziger Jahre wurde die kostenlose Buchproduktion im Rahmen literarischer *talleres* zugunsten einer Vermarktungslinie von Kunstbüchern eingestellt. Doch hielt der Verlag an der Beteiligung von Schriftstellern und der Förderung junger Literaten fest (Ruiz 2003: Interview).

Während das Beispiel aus Matanzas ein Grenzfall zwischen regierungsunabhängiger, spontaner und institutioneller Aktivität darstellt, bildete sich im Rahmen erwähnter *círculos literarios* eine neue Form von *самиздат*-ähnlicher Literatur[23], die aufgrund der im Folgenden beschrieben Wandel kulturpolitischer Paradigmata zusammenhängt, meist geduldet

---

[23] Samisdat (Eigenauflage) bezeichnet im Russischen selbst verlegte Literatur meist systemkritischen Inhalts.

wurde. Ein Grund für die Akzeptanz solcher oft durch Fotokopien hergestellten Publikationen war auch der Umstand, dass es sich nicht per se um politische, sondern kulturelle Publikationen handelte. Dessen ungeachtet boten sie den Raum für neue Debatten, die sich einer zentralen Kontrolle entzogen, um später von der kulturpolitischen Diaspora Einfluss auf das Zentrum auszuüben.

Nach der Reorganisation der staatlichen Institutionalität und neuen Initiativen im außerstaatlichen Bereich war die Zeit nach dem Jahr 2000 maßgeblich von der Effizienzdebatte bestimmt, die mit dem sechsten Parteitag der regierenden Kommunistischen Partei Kubas im April 2011 verstärkt in den politischen Fokus rückte. Staats- und Regierungschef Raúl Castro (2011) erklärte die Effizienzpolitik dabei zu einem der wichtigsten Ziele, denn:

> [...] todavía existen gastos irracionales e inmensas reservas de eficiencia que debemos explotar con mucho sentido común y sensibilidad política.

Zuvor war in dem unter Kontrolle der PCC und Massenorganisationen erarbeiteten Leitlinienpapier (PCC 2011; vgl. I.1) eine Rationalisierung auch im Kulturbereich empfohlen worden (*„ajustar las matrículas en las diferentes especialidades a las necesidades de las provincias y municipios y de las agrupaciones profesionales emblemáticas"* [PCC 2011: 25]). Diese Vorgabe ist nicht neu und entspricht den schon zehn Jahre zuvor geführten Debatten. So bestätigten führende Kulturfunktionäre bereits 2003 die Untersuchung der Funktionsweise erfolgreicher internationaler Kulturunternehmen. Erste systematische Studien zum internationalen Verlagswesen und weiteren Kulturunternehmen etwa in der Musikindustrie wurden vom Kubanischen Institut für Kulturforschung, ICIC Juan Marinello, im ersten Quartal 2003 durchgeführt (García 2003: Interview). In der staatlichen Forschung stand dabei die Rolle der Kulturindustrie für die Binnenökonomie ebenso im Interesse wie – expliziter noch – die „Kultur als wirtschaftlicher Entwicklungsfaktor" (García 2003: Interview). Man kann davon ausgehen, dass solche Studien mit Blick auf die bedeutsame Tourismusindustrie vorangetrieben wurden und sich nicht nur auf das ICIC beschränkten.

In diesem speziellen Fall aber stand neben der beschriebenen wirtschaftstheoretischen Betrachtung vor allem die konkrete Funktionsweise von großen Verlagshäusern in Lateinamerika und Europa im Fokus. Ziel war und ist offenbar, die aus der Not heraus den ausländischen Akteuren überlassene Vermarktung und Verbreitung kultureller Produkte aus Kuba wieder in die eigene Hand zu nehmen. Eine dafür einsetzbare Institutionalität existiert in den verschiedenen Bereichen. Das seit 1989 bestehende

Staatsunternehmen *Artex* vertreibt Kunst und Musik, der 1978 gegründete *Fondo Cubano de Bienes Culturales* ist unter anderem für plastische Kunstwerke zuständig, die staatliche Galeriekette *Génesis* vermarktet weitere Kunstwerke und das Label *Egrem* Musik.

II.3 Institutionalisierung und Kooperation

Die Öffnung des kubanischen Kulturbetriebs für ausländische Akteure – begründet auf der wirtschaftlichen Notwendigkeit, Devisenmärkte zu erschließen – und die auf zunehmenden Migrationsbewegungen basierende, neue Transnationalität des campo cultural cubano schuf ein anhaltendes Paradoxon: Während die politische Sphäre ein hohes Maß an Kontinuität wahrte, geriet Kuba gesellschaftlich und damit kulturell in eine Globalisierungsdynamik, die im Land wachsende Widersprüche provoziert. Die Diskrepanz zwischen einer sorgsam kanonisierten Nationalkultur und einer rapide wachsenden transnationalen kulturellen Sphäre, die sich fast vollständig staatlichen Regulationsmechanismen entzieht, ist seit Mitte der neunziger Jahre ein immer wiederkehrendes Thema in kulturpolitischen Debatten des Landes. So verweist Alberto Abreu (2010a: 2) auf Néstor García Canclinis Postulat vom *„fin de la era de lo singular"* in der lateinamerikanischen Kultur. Entgegen den Thesen García Canclinis (2000) finde dieser Trend in Kuba nicht in vergleichbarer Intensität statt, so Abreu, der auf die Abgrenzung staatlicher Diskurse von externen und internen innovativen Stimmen verweist:

> Me llama poderosamente la atención como [...] en el caso del discurso institucional cubano han optado por exorcizar [...] prácticas y representaciones emergentes, sobre todo aquellas gestos y descalces de sentido que pueden desconcertar o causar ‚confusiones' dentro del canon y el orden simbólico.

Dessen ungeachtet konnten sich mit der zunehmenden Kooperation auf kultureller Ebene neue Formen der Arbeit und damit neue Inhalte etablieren. Auf der 9. Biennale von Havanna 2006 traf das Kunstkollektiv OMNI ZONA FRANCA auf überregionales Interesse. Bei der Gruppe von Kurator Dannys Montes arbeiteten junge kubanische Kulturschaffende mit italienischen Akteuren zusammen, um Projekte in bildender Kunst, Musik, Theater und Tanz umzusetzen. Zentrum und Bezugspunkt der Gruppe war das Wohnviertel Alamar im Osten Havannas. Es vereine, so Abreu, *„un sinnúmero de medios expresivos desde una voluntad plural, recuperadora"*. Nach Abreus Deutung stehe die Gruppe für die „avantgardistische Utopie, die Kunst mit dem Leben zu verbinden", wobei sich der Erfahrungshorizont auf dieselbe urbane Diaspora erstreckt, die auch die neue kubanische Hip-Hop-

Bewegung beherbergt (vgl. III.2.2). Im Fall des Kulturkollektivs OMNI ZONA FRANCA kommen damit zwei Charakteristika zu Geltung, die zur zunehmenden Heterogenität des campo cultural cubano im Untersuchungszeitraum beigetragen haben: Zum einen die Arbeit in transnationalen Netzwerken und zum anderen die Aktion aus marginalen Räumen der urbanen kulturellen Sphäre, also aus der gesellschaftlichen Subalternität in all ihren Dimensionen. Abreu (2010a: 4) bemerkt dazu am Beispiel der Gruppe aus Alamar:

> Si bien estos intercambios entre creadores cubanos y de otros países no son una novedad; en el contexto del análisis que estamos realizando colocan a estas prácticas y sus protagonistas como actores trasnacionales; posicionados en un espacio de enunciación alternativo con respecto a los circuitos institucionales del campo cultural cubano [...] y desde este posicionamiento gestionan, promueven sus propias acciones culturales.

Die hier hervorgehobene „diskursive Heteroglossie, die Vermengung und Hybridität" (ibd.) motivierte kulturpolitische Institutionen Kubas zu einer Öffnung gegenüber neuen Strömungen der Jugendkultur. Kulturpolitisch ist die Praxis ambivalent zu beurteilenden: Nach dem Jahr 2000 wurden unter dem Dach der Kulturstiftung *Asociación Hermanos Saíz* (AHS) mehrere Agenturen für neue Musikbewegungen gegründet. Auf die Agencia Cubana de Rap (2002) folgte die Einrichtung der Agencia Cubana de Rock im Jahr 2007. Zwar trugen beide neuen Institutionen zur Öffnung des kubanischen Kulturbetriebes für externe Einflüsse in einem Maße bei, wie dies noch wenige Jahre zuvor nicht denkbar gewesen wäre, zugleich wurde damit aber auch eine Einflussnahme auf die neuen Bewegungen möglich. Die Agenturen der AHS ermöglichen und unterstützen die neue musikalische Jugendkultur durch Infrastruktur, Förderung und die Ausrichtung von international beachteten Festivals. Jedoch steht die Arbeit auch im Einklang mit dem staatlich definierten, politischen Auftrag der AHS, der Vermittlung einer „authentischen revolutionären Kultur, die mit dem Leben des kubanischen Volkes verbunden ist, dem die Organisation in erster Linie verpflichtet ist". Die staatliche Kulturarbeit basiert somit auf dem Prinzip, das Fidel Castro im Juni 1961 bei einer mehrtägigen Konferenz in der Nationalbibliothek formulierte und das später als „Worte an die Intellektuellen" (Fidel Castro 1961) bekannt wurde:

> Esto significa que dentro de la Revolución, todo; contra la Revolución nada. Contra la Revolución nada, porque la Revolución tiene también sus derechos y el primer derecho de la Revolución es el derecho a existir y frente al derecho de la Revolución de ser y de existir, nadie. Por cuanto la Revolución comprende los

intereses del pueblo, por cuanto la Revolución significa los intereses de la Nación entera, nadie puede alegar con razón un derecho contra ella.24

Während die staatliche kulturelle Institutionalität versuchte, neue Einflüsse zu absorbieren, schuf sie zugleich neue Diskurse und Produkte für den globalisierten Markt. In vielen Teilen des kulturellen Feldes spielte dabei der massive Ausbau des Tourismus eine zentrale Rolle (vgl. I.2). Offensichtlich wird das bei einem Besuch der touristischen Zonen in der Hauptstadt Havanna: Auf den Plätzen des historischen Zentrums bieten sich Frauen in einer Mischung aus viktorianischer Kleidung, spanischer Barockmode und afrikanischen Modeelementen als Fotomotiv an. Das völlig ahistorische und in seiner Ästhetik geradezu postmoderne Potpourri ist eine Folge der konsequenten touristischen Vermarktung des Landes, die früh auf Widerspruch bei der an Selbstbewusstsein gewinnenden Intelligenz des Landes stieß. Schon 1994 wurde der vor diesem Hintergrund erstarkende Trend zur Folklorisierung der kubanischen Kultur zum Thema kulturpolitischer Kontroversen. Bei einer Konferenz über die Literaturzeitschrift Orígenes25 (1944-1956) in der Kulturstiftung *Casa de la Américas* erklärte der 1997 nach Europa emigrierte Schriftsteller Rolando Sánchez Mejías diese ökonomisch begründete Entwicklung mit einer historischen Tendenz zum Realismus, der gleichsam ein Hindernis für avantgardistische Strömungen sei. Sánchez Mejías konstatierte:

> Aquel que conozca de cerca la larga y sólida tradición de realismos de la literatura cubana -realismo que hoy se disfraza preferentemente en las formas del folclor, formas que las editoriales europeas, y sobre todo las españolas alientan con fervor lascivo-, sabe de qué estamos hablando al enfatizar la importancia de una Ficción en el orden del Absoluto, aun con la cantidad peligrosa de metafísica que pueda contener dicha expresión.

Der Trend zur Folklorisierung beschränkte sich indes nicht nur auf die Literatur, sondern ist gerade auch in der Musik zu beobachten. Ein Ausdruck dessen ist die Propagierung der neuen, mit dem Massentourismus kompatiblen Salsa-Tanzmusik, deren staatliche Förderung bei Liedermachern des *Trova*-Genres und anderen endogenen Stilen auf Kritik stieß.

---

24 Zitiert nach www.min.cult.cu/historia/palabras.doc (21.04.2012)
25 Die von José Lezama Lima und José Rodríguez Feo geleitete Zeitschrift Orígenes war eines der wichtigsten literarischen Organe neben der Zeitschrift Ciclón, 1952 von Virgilio Piñera gegründet. Während erstere heute ein klarer Bezugspunkt des offiziellen literaturhistorischen Diskurses ist, findet man in Kuba wenige Quellen zu Ciclón, was an den politischen Divergenzen zur Person Piñeras liegen mag.

II.4 Der staatliche Diskurs

Die kubanische Regierung stand nach 1991 vor der Herausforderung, den staatlichen Diskurs in kürzester Zeit neu zu ordnen, ohne an Glaubwürdigkeit zu verlieren. Zugute kam ihr dabei, dass Staats- und Regierungschef Fidel Castro bereits mit dem Beginn der Perestroika in der Sowjetunion auf Distanz zur Führung in Moskau gegangen war und auf einen eigenen Weg verweisen konnte. Neben der Kritik an dem Wandel in der UdSSR setzte die kubanische Führung auf die traditionell starke Rolle Castros als Revolutionsführer und einen ebenso traditionellen Nationalismus. Geschickt nutzte die Staatsführung die anhaltende und sogar verstärkte Blockadepolitik der USA. So wurde, wie Michael Zeuske (2004: 260) feststellt, „die Polarisierung zur Hypertrophierung eines nationalen (Insel-)Bewusstseins ausgenutzt". Dies habe der kubanischen Führung das Überleben gesichert, so Zeuske, der darauf verweist, dass dies selbst konservative Beobachter wie Del Aguila (1994: 187) eingestehen müssen.

Tatsächlich war die Neugestaltung des staatlichen Diskurses – also die ungebrochene Legitimation des revolutionären Prozesses – bei einer gleichzeitigen Öffnung des Landes eine propagandistische Höchstleistung, die in der kubanischen Kulturproduktion bis heute Resonanz findet: Auf der einen Seite setzte sich eine staatlich forcierte Wagenburg-Mentalität durch, nach deren Logik das Volk, *el pueblo*, die Reihen nach innen schloss, um sich gegen den externen Feind (*el enemigo, la contrarevolución, el imperio*) zur Wehr zu setzen. Den Höhepunkt fand dieser Ansatz in der von Fidel Castro initiierten politisch-ideologischen Kampagne *batalla de ideas* die sich auf Massenmobilisierungen und die Schaffung politischer Distributionsmechanismen stützte.

Beachtlich ist, dass sich diese Prozesse von Abgrenzung nach außen und der Öffnung des Landes für ausländische Akteure – Touristen, Unternehmen etc. – parallel vollzog. Dies immerhin weist erhebliche Unterschiede zu der Konstituierung der Nationalstaatlichkeit Mitte des 20. Jahrhunderts auf. Entsprechende Prozesse hatten, wie während der Kulturrevolution in China zwischen 1966 und 1976, eine massive und nicht selten aggressive, rassistische Abgrenzung zu Folge. Ähnlich wie in China kam es dabei auch in Kuba zu offenen xenophoben Tendenzen. Von diesem wenig bekannten Kapitel zeugt unter anderem ein Brief des Korrespondenten der DDR-Nachrichtenagentur ADN an die Generaldirektorin Deba Wieland aus dem März 1968. Darin heißt es:

> Nach dem Januar-Plenum und insbesondere nach dem auf dem Plenum von Raul Castro und Carlos Rafael Rodriguez unternommenen Angriffen und Ver-

leumdungen gegen Diplomaten und Journalisten der Sowjetunion, der CSSR und der DDR ist die Atmosphäre recht unbehaglich geworden, Zwar befleißigt sich die kubanische Seite [...] einer überaus freundlichen Haltung [...]. Außerhalb dieser offiziell gelenkten, penetrant wirkenden Freundlichkeit trifft man allerdings – vor allem außerhalb Havannas – in zunehmendem Maße auf Ausländerfeindlichkeit [...]. (ADN 1968).

Vergleichbare Tendenzen konnten in den neunziger Jahren vermieden werden. Indes setzte die Führung Mitte der neunziger Jahre auf eine weitere Öffnung des Landes, was sich in vielfältiger Weise äußerte (Zeuske 2004: 250 ff.). Schon im Jahr 1991, zu Beginn der Krise, hatte der Parteitag der regierenden PCC Kuba als „laizistischen Staat mit Religionsfreiheit" definiert. Zugleich wurden Nichtregierungsorganisationen zugelassen, auch wenn der Staat weiterhin auf eine Dominanz dieses Feldes achtete, mehr politischer Pluralismus wurde angestrebt (a.a.O.: 253). Nach der fast drei Jahrzehnte währenden Sowjetisierung des Landes definierte die politische Führung Kuba nun wieder verstärkt als Teil der amerikanischen Kultur, womit keinesfalls ausschließlich die US-Kultur gemeint ist. Dennoch zählen auch die USA heute wieder zu den vorrangigen kulturellen Bezugspunkten. Ein „Stabilitätsfaktor findet sich im fortgesetzten Versuch, eine tief verwurzelte Kultur, zu der vor allem Bildung, aber eben auch (aber bei weitem nicht nur) der US-amerikanische Film, ein unablässiger Strom lokaler Musikstile und die *Pelota* [Baseball, d. A.] gehören, in einem nationalen Feld weiterzuentwickeln" (Zeuske 2004: 330). Dementsprechend sind in Kuba US-amerikanische Filme beinahe ohne Einschränkung zu sehen. (Verwendung finden meist illegale Kopien, weil die US-Filmverleihunternehmen aufgrund der Blockadebestimmungen nicht mit dem sozialistischen Kuba Geschäfte betreiben dürfen.) Im Untersuchungszeitraum ist zudem eine Annäherung des kubanischen Films an die Hollywood-Schule zu beobachten, als Beispiel dient inhaltlich und ästhetisch der 2011er Streifen *Juan of the Dead*.

Das seit 2010 in Kuba diskutierte politische Leitliniendokument, das als Basis für den Parteitag der PCC im April 2011 und den Kongress der Partei Anfang 2012 diente, ruft auf zur „Verteidigung der Identität und dem Erhalt des kulturellen Erbes". Gleichsam werden als Ziele genannt: „effektive Nutzung der zur Verfügung stehenden Ressourcen"; „Schaffung neuer Einkommensquellen"; „Rationalisieren der künstlerischen Bildung und der Ausbildung von künstlerischem Lehrpersonal".

II.4.1 Religion

Das Verhältnis zwischen Staat und Religion im revolutionären Kuba hat seit dem Regimewechsel 1959 mehrere von außen- und innenpolitischen Einflüssen geprägte Phasen durchlaufen und ist in Bezug auf die politische Bedeutung der jeweiligen religiösen Gemeinschaft unterschiedlich ausgeprägt. Historisch betrachtet war die kubanische Gesellschaft stets ähnlich religiös geprägt wie die der übrigen lateinamerikanischen und karibischen Staaten, indes sind auch Unterschiede festzustellen. Durch die geografische Lage des Landes zwischen drei Regionen – Nordamerika, Südamerika und Karibik – war die kubanische Gesellschaft von vornherein religiös heterogener als die anderer Staaten. Zum Zeitpunkt der Kubanischen Revolution bestanden neben der historisch starken römisch-katholischen Kirche rund 50 evangelische Kirchen. (Muder 1992: 86) Hinzu kamen die starken Einflüsse der afroamerikanischen Santería, die statistisch und quantitativ wegen fehlender Erhebungen schwer zu erfassen sind.

Im Verlauf des Kampfes gegen die Diktatur von Fulgencio Batista spielten die drei religiösen Gruppen zunächst kaum eine Rolle. Nur wenige Vertreter der katholischen Kirche hatten gegen die Diktatur Position bezogen. Nach dem Sturz Batistas hingegen bezog der katholische Klerus rasch zwei Positionen, die für die Dynamik in bilateralen Verhältnis Staat-Kirche und für alle Akteure von weitreichenden und bis heute wirkenden Konsequenzen war: Zum einen prangerte die kubanische katholische Kirche den kommunistischen Einfluss (also den des damaligen Ostblocks) auf die neue Führung an, zum anderen sprachen sich katholische Amtsträger gegen Reformen im Bildungswesen aus. (Büntig 1970) Neben dem allgemein auf Kuba wirkenden geopolitischen Konflikt trug vor allem der zweite Punkt zur Eskalation bei, weil die katholische Kirche – ebenso wie protestantische und jüdische Gemeinden – über Bildungseinrichtungen verfügten, die nun stärker staatlich kontrolliert werden sollten. Besonders die katholische Kirche dominierte das Schulwesen in den Städten des Landes. Es ging also gleichsam um den ideologischen Einfluss in der Bildung. Damit war ein Konflikt begründet, der sich im Dialog Staat-Kirche in Kuba bis heute widerspiegelt.

Der Bruch mit der katholischen Kirche kam 1961. Nach der blutigen Eskalation einer Demonstration im Zuge einer kirchlichen Prozession wurden 132 katholische Priester – ein Fünftel des Apparates – ausgewiesen, 2.000 Nonnen und 500 Priester verließen das Land freiwillig. (Muder 1992: 96). Diese Entwicklung ist als Grundlage für eine kulturanthropologische Betrachtung des weiteren Verhältnisses zwischen Staat und katholischer Kirche aus zwei Gründen von Bedeutung: Zum einen brachen die organisatorischen Strukturen der bis dahin landesweit vernetzten katholischen Kirche zusammen, zum anderen verlor die katholische Kirche mit der Verstaatlichung der Bildung 1961 und des damit einhergehenden Verbots privater und damit auch klerikaler Bildungseinrichtungen ihre wichtigste Finanzquelle.

Auch zu den übrigen Religionsgemeinschaften nahm der kubanische Staat deutlich Abstand und kappte institutionelle Verbindungen. Diese Entwicklung war generell außenpolitisch zu begründen. Mit der Annäherung an die Sowjetunion verstärkte sich eine antiklerikale Tendenz, die unter anderem in der Unvereinbarkeit der Mitgliedschaft in einer Kirche und der regierenden Kommunistischen Partei Niederschlag fand. Im Fall der evangelischen (nordamerikanischen) Kirchen kamen die massiv zunehmenden Spannungen zwischen Havanna und Washington erschwerend hinzu, die jüdischen Gemeinden erlebten eine ähnliche Entwicklung nach dem Jom-Kippur-Krieg 1973. (Jerozolimski 2008) Die afrokubanische Santería indes erlebte einen Prozess der Re-Definition als musealisierte Volkskultur. (Rauhut 2009) Anders als bei den Konflikten mit den etablierten (Welt-)Kirchen lief dies weitaus konfliktfreier ab: zum einen stellte die Santería keine institutionelle Konkurrenz zu der revolutionären Regierung dar, zum anderen war diese afrokubanische Strömung von ihren Ursprüngen her darauf ausgerichtet, unabhängig von staatlichen Strukturen zu existieren.

Nach einer weitgehend konfliktfreien Parallelexistenz von Staat und Kirche zur Zeit der engen kubanisch-sowjetischen Kooperation setzte eine erneute Annäherung Mitte der achtziger Jahre ein. Grundlage dieser Entwicklung war eine Neuorientierung der kubanischen Führung, die parallel zu der als *rectificación* bezeichneten Loslösung von der UdSSR einsetzte. Staats- und Regierungschef Fidel Castro versuchte mit dem 1985 vom brasilianischen Dominikaner und Befreiungstheologen Frei Betto herausgegebenen Gesprächsband *Fidel y la religión* (Frei Betto 1985) eine Verbindung zwischen Christentum und Marxismus herzuleiten.26 Parallel zu diesem diplomatisch-publizistischen Schachzug besuchte 1984 der US-amerikanische Baptistenpriester und Bürgerrechtsaktivist Jesse Jackson Kuba. Die vorrangig in Havanna aktive jüdische Gemeinde – vor allem die Gemeinde Bet Shalom unter dem damaligen Vorsitzenden José Miller – er-

---

26 Anfang 1996 dann fand das erste Nationale Kubanische Kirchentreffen (Encuentro Nacional Eclesial Cubano, ENEC) statt, auf dem nach Angaben von Monsignore Carlos Manuel Céspedes, Generalsekretär der kubanischen Bischofskonferenz, zahlreichen zentralen Fragen des Verhältnisses Staat-Kirche nachgegangen wurde: (Drekonja Kornat 1986)

öffnete ihre Bibliothek und nahm eine aktive religiöse Bildungsarbeit auf. Von staatsparteilicher Seite wurde diese Entwicklung mit der Eröffnung eines Büros der regierenden PCC für religiöse Angelegenheiten begleitet. Die mehrdimensionale Entwicklung in den Jahren 1985 und 1986 führte zu einer Revitalisierung der Religion in Kuba und leitete damit einen Trend ein, der durch den Beginn einer schweren wirtschaftlichen Krise wenige Jahre später noch erheblich verstärkt wurde.

Die Krisensituation nach 1991 führte zu einer Aufwertung der religiösen Netzwerke, auf deren Kompensationsleistungen der überlastete Staat hoffen konnte. Katholische und jüdische Organisationen sowie die baptistische Vereinigung Pastors für Peace organisierten Hilfslieferungen nach Kuba. Damit trugen diese Gruppierungen nicht nur zur objektiven Entspannung der Versorgungslage bei, sie bildeten zugleich – vom kubanischen Staat in Stellung gebracht – ein Gegengewicht zur US-amerikanischen Blockade, die in Hoffnung auf einen Systemwechsel in Kuba Mitte der neunziger Jahre mit mehreren Zusatzbestimmungen weiter verschärft wurde.

Neben den beiden genannten Aspekten (Versorgung, politische Wirkung gegen die US-Blockade) entwickelten die transnationalen religiösen Netzwerke seit den frühen neunziger Jahren eine bis dahin nicht gekannte Dynamik. Vor allem die afrokubanische Santería entfaltete mit der zeitgleichen Öffnung des Landes zum Tourismus große Wirkung, indem sie „dauerhafte reziproke Verbindungen" zwischen solventen Ausländern und ihren kubanischen „Paten" schafften. (Rauhut 2009: 208) Die so vor allem in die US-kubanische Gemeinschaft aufgebauten Verbindungen eigneten sich gleichsam als konkurrierende Netzwerke zu den bis dahin starken antikommunistischen Strukturen des Exils. Diese Tendenz wird ausführlich auch von Mahler und Hansing (Mahler/Hansing 2005) beschrieben.

Religion spielt in der sozialistischen Gesellschaft Kubas gemäß der sozialpsychologisch akzentuierten Frustrations-Kompensations-These seit Beginn der neunziger Jahre eine stärkere Rolle. (Muder 1992: 167) Zugleich hat es die kubanische Führung vermocht, die institutionell organisierten religiösen Gruppen in das nationale Projekt einzubinden und indirekt sogar außenpolitisch gegen die US-Blockade in Stellung zu bringen. Die staatliche Reintegration der Kirche in nationalen Diskurs und Geschichtswahrnehmung ist jedoch nicht monokausal auf die Notlage seit 1991 zurückzuführen, sondern muss im Rahmen einer gesamtpolitischen Neuorientierung des kubanisch-sozialistischen Projektes seit Mitte der 1980er Jahre betrachtet werden, was mit der Neubewertung von Figuren wie Felix Varela oder José Martí einherging. Religiöse Akteure und Netzwerke haben seither innerhalb Kubas an Bedeutung gewonnen und sind ein wesentlicher Faktor bei den zunehmenden Verbindungen zu den auslandskubanischen Gemeinden, vor allem in den USA.

II.4.2 Rassismus

Obgleich die Kubanische Revolution maßgeblich auf den allgemeinen gesellschaftlichen, politischen und intellektuellen Emanzipationsbestrebungen der afrokubanischen Bevölkerung basierte, konnte der Rassismus in den ersten drei Jahrzehnten bestenfalls zurückgedrängt werden. Im Zuge der Krise der neunziger Jahre trat die Spaltung zwischen weißen, europäischen Immigranten und den Nachkommen afrikanischer Sklaven gemäß der wachsenden sozialen Differenzen wieder in den Vordergrund. Das Phänomen der „weiterhin existierenden kolonialen Plage des Rassismus'" (Barnet 2003: Interview) wurden rasch Gegenstand offizieller Diskurse, auch wenn die Initiative zur Debatte von primär außerinstitutionell agierenden Intellektuellen ausging (Navarro 2000).

Der Umgang mit rassistischer Gewalt, die Kuba noch zu Beginn des 20. Jahrhunderts an den Rand eines (wenn auch regional begrenzten) Bürgerkrieges brachte[27], war auch nach 1959 von Widersprüchen gekennzeichnet. Offiziell sah sich die revolutionäre Regierung in der Tradition der Befreiungsbewegungen und damit auch der afroamerikanischen Emanzipation. Bei einem Besuch der UNO-Generalversammlung 1960 residierte die kubanische Delegation in dem Hotel Teresa im New Yorker Schwarzenviertel Harlem. Die kubanische Essayistin und Kulturfunktionärin Graziella Pogolotti (2007: vii) urteilt:

> Su presencia allí articulaba la oleada emancipadora con las reivindicaciones de los afroamericanos que emergían con fuerza y diversidad de posturas.

Dieser geopolitisch begründete Diskurs fand unmittelbar Niederschlag in der Gesetzgebung und offiziellen Politik in Kuba. Dennoch verhinderten die sozialen Kontinuitäten eine nachhaltige Überwindung der rassistischen Strukturen und Attitüden der kubanischen Gesellschaft, sodass emanzipatorische Bestrebungen rasch an ihre Grenzen stießen. Deutlich wurde das vor allem in den literarischen Strömungen nach dem Sieg der Revolution. Die *narrativa de la violencia*, eine endogene Literaturgattung, die sich mit den Gewalterfahrungen des Kampfes gegen die Diktatur auseinandersetzte, propagierte Heldenfiguren mit eindeutigen Attributen: „*varón, blanco, letrado, heterosexual*" (Abreu 2007: 363). Auch avantgardistischen Projekten

---

[27] Bei der Guerrita de raza im Frühjahr 1912 wurden nach historischen Schätzungen bis zu 6.000 Afrokubaner in der Provinz Oriente ermordet (vgl. De la Fuente 2011).

*Ediciones El Puente*28 gelang es demnach nicht, die rassistische Spaltung der kubanischen Gesellschaft in der eigenen politisch-kulturellen Arbeit zu überwinden, obgleich dies den explizit formulierten Zielen entsprach (Retamar 2011: 9; Guanche 2011: 35 ff.).

Mit den neuen Debatten über gesellschaftliche Erosionsprozesse wie Rassismus und Sexismus wurden auch diese historischen Prozesse einer kritischen Prüfung unterzogen. In der Auseinandersetzung mit Rassismus von intellektueller Seite aus müsse „die Dekonstruktion der dominanten symbolischen Ordnung" im Zentrum stehen, fordert der Essayist und Träger des Literaturpreises 2007 der Stiftung *Casa de las Américas*, Alberto Abreu (2012: Interview). Abreu postuliert „die Schaffung von Brücken, die eine Annäherung an diese subalterne Modernität ermöglichen und gleichsam den Zugang zu jenen ermöglichen, die von diesem Raum aus ihre Stimmen erheben und auf der politischen Bühne ihre Forderungen stellen" (a.a.O.).

Abreus Kritik an der Nichtexistenz des Afrokubanischen in der Literatur der frühen sechziger Jahre trifft fast ungebrochen auf alle weiteren relevanten literarischen Strömungen bis dato zu. Auch in den Werken der *novísimos*, der ersten Generation von Schriftstellerinnen und Schriftstellern, die nach 1959 geboren und ausgebildet wurden, finden sich kaum schwarze Charaktere (Uxó 2010: 3). Die *novísimos* brachen demnach zwar viele Tabus und eröffneten durchaus neue kulturpolitische Debatten, der Blick auf das schwarze Kuba war dennoch der gleiche Elitäre, den der revolutionäre Prozess auf politischer Ebene zu bekämpfen versuchte. Gestützt wird dieses Urteil von statistischen Auswertungen des literarischen Korpus der ersten Schriftstellergeneration nach der Kubanischen Revolution. In gerade einmal 20 Prozent der Werke „erscheint ein schwarzer Protagonist, in den meisten Fällen ist diese Person aber hintergründiges Beiwerk, das sich im Erzählungsverlauf verflüchtigt" (a.a.O.: 7). Afrokubanische Charaktere nähmen in nur 6,5 Prozent der Novísimos-Werke eine Protagonistenrolle ein.

Der Aufschwung afrokubanischer Studien und *Estudios Subalternos* seit den neunziger Jahren trägt in Kuba zu einer kritischen Beschäftigung mit dem Thema bei. Narrative Werke wie *Sobre las olas y otros cuentos* von Inés María Martiatu (2008) nähern sich dem Thema der Ausgrenzung aus einer doppelten subalternen Position: der einer Frau und der einer Afrokubanerin. Die im Ausland stark wahrgenommene Literatur zeitgenössischer kubanischer Schriftstellerinnen (Zoe Valdéz u.a.) vermochten es ähnlich den Mitgliedern vorheriger dominanter Strömungen indes nicht, die eigene eth-

---

28 Ediciones El Puente bestand zwischen 1959 und 1965.

nische und soziale Befangenheit abzulegen. Mit der zuletzt verstärkt auch auf internationaler Ebene wahrgenommenen Debatte über Rassismus in Kuba rückten jedoch auch afrokubanische Schriftstellerinnen in das Interesse. Zu den führenden Vertreterinnen gehören Nancy Morejón, Georgina Herrera, Excilia Saldaña, Teresa Cárdenas und Daysi Rubiera.

Trotz dieser neuen Stimmen im literarischen und kulturpolitischen Raum wird die Debatte über die Struktur der kubanischen Gesellschaft, Rassismus und andere ethnische Phänomene weitgehend von Mitgliedern der traditionellen weißen Elite bestimmt, was in einer Dominanz der Werke von Miguel Barnet, Alejo Carpentier oder Lydia Cabrera Ausdruck findet. Stellvertretend für diesen Diskurs steht ein Interview mit dem Stadthistoriker von Havanna, Eusebio Leal Spengler (Feraudy Espino 2011). Nach dem Verweis auf die Diskriminierung vor 1959 führt Leal die Namen afrokubanischer Funktionäre nach 1959 an, um zu dem Schluss zu kommen:

> Cuando hablamos de Las Morenas del Caribe, me siento representado, pero no deja de ser un término hasta cierto punto discriminatorio, porque otra parte de la población tendría derecho a decir: hacen falta tres blancas.

Die neuen Auseinandersetzungen über die ethnische Struktur der kubanischen Gesellschaft und Rassismus wird heute auf verschiedenen Ebenen geführt und beinhaltet auch eine Revision der Historiografie. So weist der Experte für afrokubanische Studien an der Nationalbibliothek Kubas, Tomás Fernández Robaina, darauf hin, dass die politische Rolle der Schwarzen noch kaum erforscht ist (Abreu 2010b):

> La trascendencia de la fundación del Partido Independiente de Color, para el movimiento social del negro en Cuba y en América, no se ha destacado por nuestra historiografía, porque no ha reconocido la relevancia de tal hecho.

Nach Robainas Ansicht kann erst die systematische Beschäftigung mit der politischen Rolle der afrokubanischen Gemeinde in der Entwicklung des kubanischen Nationalstaates zur Überwindung des Rassismus beitragen, weil dieser Bevölkerungsteil erst damit als handelndes, selbstbestimmtes Subjekt anerkannt würde. Ansätze für eine solche Entwicklung gibt es im literarischen Feld ebenso wie in der Wissenschaft. Im Frühjahr 2011 bot der Lehrstuhl für Anthropologie der Universität Havanna in Zusammenarbeit mit der Fakultät für Biologie und dem Anthropologischen Museum ein Postgraduiertenstudium zum Thema *La racialidad en la Cuba actual* an. Als Ziel wurde genannt: „Die Entwicklung eines Modells zur Erforschung der rassischen Problematik im zeitgenössischen Kuba bei besonderer Beachtung der Frage, wie sich uns das Problem der Rasse zu Beginn des 21. Jahrhunderts darbietet." (UH 2011)

II.4.3 Diaspora

Das gespannte Verhältnis zwischen der kubanischen Institutionalität und der kubanischen Diaspora ist zweifelsohne auf den politischen Charakter der ersten Emigrationswelle(n) nach dem Sturz der Batista-Diktatur zurückzuführen, wobei das negative Bild des „Exils" durchaus auch von den USA befördert wurde. Nach der Flucht von Funktionären und Anhängern der Diktatur Anfang 1959 setzte relativ schnell eine wirtschaftlich motivierte Migration von Angehörigen der kubanischen Mittelschicht ein (u.a. FIU 2011). Dennoch wurden auch die Emigranten der folgende Jahre – die meist gutsituierten Bürger siedelten sich im US-Bundesstaat Florida an – mit den politischen Flüchtlingen der ersten Zeit nach der Revolution gleichgesetzt. Quellen in den USA und in Kuba weisen übereinstimmen darauf hin, dass diese Darstellung der Auswanderer in Kuba mit der Formierung eines neuen nationalstaatlichen, antiimperialistischen Diskurses zu begründen ist, um unter umgekehrten Vorzeichen auch in den USA politisch gedeutet zu werden: Ähnlich dem Umgang mit den Staaten des Ostblocks wurden Auswanderer aus Kuba ungeachtet ihrer tatsächlichen Motivation auf der politischen und medialen Bühne als „Flüchtlinge vor dem Kommunismus" präsentiert (u.a. Masud-Piloto 1996). Dieser Teufelskreis aus Verdammung in Kuba und Heroisierung in den USA konnte erst nach Ende der Blockkonfrontation durchbrochen werden, um das Verhältnis zwischen dem Staat und der Diaspora neu zu gestalten.

Betont werden muss, dass es von kubanischer Seite Ansätze für eine Entspannungspolitik gegenüber dem *exilio* gab. In den Jahren 1979 bis 1982 besuchten rund 150.000 US-Kubaner die Insel. Der damalige Staats- und Regierungschef Fidel Castro kam Ende 1978 mit rund 140 Mitgliedern der US-kubanischen Gemeinde zum Dialog in Havanna zusammen. Einen negativen Wendepunkt im trilateralen Verhältnis Kuba-USA-Diaspora stellte die Massenausreise von schätzungsweise 125.000 Kubanerinnen und Kubanern zwischen April und Oktober 1980 vom Hafen Mariel in die USA dar. Die massive Ansiedlung in Miami provozierte soziale Probleme und beförderte vor allem in den USA Vorurteile, die sich in der kulturellen Sphäre unter anderem in Brian De Palmas Hollywood-Spielfilm Scarface niederschlugen. (Tatsächlich beginnt der Film mit Originalaufnahmen von den Ausreisebewegungen in Mariel.)

Nach dem Urteil von Levitt und Glick Schiller (2004: 1002 ff.) verhielt sich Kuba nach 1959 lange als „disinterested and denouncing state" gegenüber der eigenen Diaspora. Das Verhältnis änderte sich auch in diesem Bereich deutlich im Laufe der neunziger Jahre. Mit der Schaffung eines eigenen Migrantenstatus' (Premiso de Residencia en el Exterior) wurde die Flexibilität in der Migrationspolitik von kubanischer Seite aus deutlich erhöht. Flankiert wurde die Entwicklung von der Ausrichtung regelmäßig stattfindender Kongresse unter dem Titel *Nación y emigración* ab 1990, der Einrichtung einer *Dirección de Asuntos Consulares y de para Residentes Cubanos en el Exterior* im Außenministerium und der Gründung von zielgruppenorientierten Medien wie der Zeitschrift *Correos de Cuba*.

Die Annäherung des kubanischen Staates an die Auslandsgemeinden ging mit einer Neubewertung ihrer kulturellen Vertreter einher. Der Essayist Ambrosio Fornet – einer der staatsnahen Experten für die kubanische Diaspora – widmete dem Thema mehrere Bücher und Texte (v.a. 2000; 2006a), in denen eine Neuorientierung auch in diesem Bereich ersichtlich wird. Fornet erkennt in seinen Arbeiten explizit die Existenz von *escritores cubanoamericanos* an und erhebt mehrere von ihnen mit namentlicher Nennung in einen neuen Kanon transnationaler kubanischer Literatur: Roberto González Echevarría, Gustavo Pérez Firmat, Eliana Rivero, Emilio Bejel, Román de la Campa, Roberto G. Fernández, Achy Obejas, Uva de Aragón.[29] Bei den Genannten handelt es sich ausschließlich um Kinder von Auswandererfamilien, die, so die inselkubanische Lesart, keine Schuld an ihrem Exildasein tragen. Der regierungskritische Schriftsteller Rafael Rojas (2009) sieht in dieser Strategie daher den Versuch einer „Entpolitisierung des Exils". Dennoch verweist auch Rojas darauf, dass Akteure der kubanischen Kulturpolitik wie Roberto Zurbano (2006: 111-123) durchaus auch Autoren der Diaspora nennen. Gleichzeitig konstatiert er die Auslassung anderer, explizit regierungskritischer Vertreter der kubanischen Diaspora-Literatur (seine eigene Person eingeschlossen).

Tatsächlich ist spätestens nach dem Jahr 2000 im Zuge der Annäherung an die auslandskubanischen Gemeinden in Kuba eine Neubewertung von Schriftstellern vorgenommen worden, die sich in offiziellen kulturpolitischen Publikationen nachweisen lässt. In der letzten Ausgabe 2005 der Zeitschrift *Gaceta de Cuba* schreibt Jorge Fornet[30] (2005: 59-61) über den lange verschwiegenen Guillermo Cabrera Infante. Immerhin, wie Rojas durchaus eingesteht, „die erste grundlegende Würdigung des Werkes von Cabrera Infante in einer offiziellen kubanischen Publikation". Eine ähnliche Tendenz ist im Fall von Jesús Díaz zu beobachten: Für die englischsprachige Ausgabe des Romas *Las iniciales de la tierra* (Duke University Press) schrieb Ambrosio Fornet das Nachwort in Würdigung des Autoren. Auch wenn die

---

29 Aufzählung nach Rojas 2009.
30 Der Sohn des Essayisten Ambrosio Fornet.

gemeinsame Publikation des Exilanten Díaz und des Kulturfunktionärs Fornet außerhalb des nationalen publizistischen Raums Kubas stattfand, steht diese stellvertretend für einen erstarkenden Trend.

Denn: Noch zwölf Jahre zuvor hatte der langjährige Kulturminister Abel Prieto (1994: 75-80) – obgleich ein Vertreter des liberalen Flügels der PCC – hart über Cabrera Infante geurteilt. In seinem Essay *Cultura, cubanidad y cubanía* bezeichnete er den emigrierten Literaten als einen „von der Geopolitik vereinnahmten Annexionisten [...], der für immer von den chthonischen Strömen des Kubanischen getrennt ist". Zugleich legte Prieto in seinem programmatischen Essay31 den Grundstein für die Öffnung gegenüber der Diaspora-Kultur:

> Las distinciones entre una subordinada cubanidad 'exterior' y la cubanía, deben estar, a mi juicio, en el centro de las reflexiones a que estamos obligados los cubanos de la Isla y los cubanos que, desde la emigración, trabajan por un vínculo creador y constructivo con la cultura nacional, y la enriquecen. Los defensores de la cubanía, en la Isla y en la emigración, tenemos que volver a aquella idea lezamiana de una "cultura de la resistencia" frente al hegemonismo que erosiona y desnaturaliza todo lo auténtico y original.

Bei einer der ersten Diaspora-Konferenzen, die in den Folgejahren in einer staatlich konzertierten externen und politisch motivierten Kulturpolitik nach europäischen Vorbild mündete, forderte Prieto zugleich „*vínculos fluidos*" und die Suche nach „*puntos coincidentes*". Im gleichen Jahr hob in den USA der Anthropologe Jorge Duany (1994: 167 ff.) die parallel verlaufende Abwendung US-kubanischer Autoren von der rein politisch konnotierten Exilrolle hervor, denn:

[...] recently Cuban-American writers are making the transition from an exile to an immigrant literature that resembles the experience of other ethnic minorities, especially Hispanics in the United States.32

Zimmerman führt als Beispiele die Migrantengeschichten von Hijuelos (1983), Fernández *Raining backwards* (1988) oder die Schilderung politischer Spaltungen in kubanischen Familien in Garcias *Dreaming in Cuban* (1992) an. Die Behandlung solcher Werke innerhalb Kubas ist möglich, weil sie nicht explizit Position gegen das aktuelle System ergreifen, sondern sich auf dem gemeinsamen Nenner bewegen: der Suche nach einer transnationalen cubanía oder cubanidad des 21. Jahrhunderts.

---

31 Der Text wurde von Prieto zur Eröffnung der Konferenz La Nación y la emigración im April 1994 in Havanna vorgetragen und gilt seither als einer der Basistexte der neuen kubanischen Kulturpolitik.
32 Zur Definition von Exil- und Migrantenliteratur siehe Zimmerman 1992.

III. Kulturelle und politische Diskurse

Die kulturpolitischen Diskurse der nun gut fünf Jahrzehnte seit der Kubanischen Revolution werden von programmatischen Äußerungen ihrer Protagonisten der ersten Stunde bestimmt. Abgesehen von Fidel Castros „Worten an die Intellektuellen" aus dem Jahr 1961 (vgl. II.3) scheint dabei mitunter eine latente Intellektuellenfeindlichkeit durch, wie sie bei Ernesto Guevara zu finden ist:

> La culpabilidad de muchos de nuestros intelectuales y artistas reside en su pecado original: no son auténticamente revolucionarios. (Guevara 1965)

Die mangelnde Prägnanz solcher Äußerungen diente in den folgenden Jahren wiederholt auch als Einfallstor für repressive Praktiken. Sie repräsentieren, wie es der kubanische Publizist und Essayist Desiderio Navarro (2000) formulierte, „eine außerordentliche Polysemie, die sie zum hauptsächlichen anerkannten Bezugspunkt der folgenden Perioden und im Widerstreit befindlichen Strömungen" werden ließ. Tatsächlich waren vor allem die sechziger Jahre von gegenteiligen Entwicklungen gekennzeichnet. „Auf den Trümmern des Alten wuchs der Geist des Neuen", schreibt Pogolotti (2007: x). Das hieß auch, dass Swing- und Jazz-Musik ebenso aus dem öffentlichen Leben verbannt wurde wie eine als antisozial wahrgenommene Volkskultur – wie sich im Verbot des Dokumentarfilms PM 1961 zeigte. Auf die Aufbruchstimmung nach der Revolution folgte also die repressive Phase des *sectarismo* in den Jahren 1961 und 1962. Die Antwort der Intellektuellen blieb nicht aus. „Ein theoretischer Fehler wird zu einer womöglich falschen Handlung, wenn er von jenen begangen wird, die ihre Meinungen in Entscheidungen einfließen lassen können", stellte Fernando Retamar schon 1966 fest.

Auf eine Phase der repressiven Kulturpolitik in der ersten Hälfte der siebziger Jahre folgte so zu Beginn der achtziger Jahre eine kritische Gegenoffensive junger Nachwuchskünstler und -schriftsteller. Forderungen nach mehr Autonomie in der kulturellen Sphäre und Kritik am Bürokratismus flammte erneut Ende der achtziger Jahre auf. Dabei nahmen die Akteure zunehmend Bezug auf vergangene Emanzipationsbewegungen, was wiederkehrend „die Erscheinung und das Überleben bestimmter kritischer intellektueller Räume" (Navarro 2000) ermöglichte. Dieses historische Bewusstsein erreichte, dass repressive kulturpolitische Diskurse „nie vollständig Oberhand gewonnen haben" (ibd.).

Als einer der exponierten Vertreter der kubanischen Intelligenz versucht Navarro eine Einordnung in Phasen der kubanischen Kulturpolitik.

Nach einer nur kurzzeitig durchbrochenen kritischen Kultur der sechziger Jahre (1959-1967) sei in Folge 1968-1983 eine Negativentwicklung auszumachen. Im Laufe der achtziger Jahre seien diese „begangenen kulturpolitischen ‚Fehler'" oberflächlich anerkannt und ausgeräumt worden (1984-1989). Eine neue Aufbruchstimmung in der zweiten Hälfte der achtziger Jahre wurde, so führt er aus, durch die Krise der Neunziger beendet. Die im staatlichen Diskurs angeführten Begründungen für die Einschränkung der kulturellen und intellektuellen Autonomie ähnelten sich über die Jahrzehnte auf eklatante Weise. Kritik wurde unterbunden, weil Systemgegner sie nutzen könnten und:

> [...] porque el conocimiento de ciertas verdades [...] podría desorientar, confundir y desalentar al pueblo (y) [...] porque cada nueva discrepancia crítica constituiría una heterodoxia, una disidencia que rompería la monolítica unidad ideológica de la nación, tan necesaria para su sobrevivencia. (Navarro 2000)

Mit der Rekonstituierung des campo cultural cubano in seinem neuen globalisierten Wesen wurden diese Konzepte zunehmend hinterfragt, zumal kubanische Intellektuelle und Künstler zunehmend im und vom transnationalen Raum aus agierten und sich in dieser Position den vergangene (gruppeninternen) Kontroll- und Sanktionsmechanismen entzogen. Eine Folge dieser veränderten Konstellation zwischen Akteuren der staatlichen und kulturellen Sphäre ist ein zunehmend kritischer Umgang mit repressiven Phasen der Kulturpolitik. Die neue kritische Intelligenz greift damit direkt in die „Verwaltung der Erinnerung und des Vergessens"[33] (Navarro) mit zwei Zielen ein: Zum einen wird an die kritische Tradition vergangener Jahre angeknüpft, zum anderen an die negative Rolle bestimmter Kulturfunktionäre erinnert (vgl. II.1.2). Einhergehend mit diesem Trend spielte zunehmend auch das Verhältnis zwischen Staat und intellektueller Sphäre eine Rolle. So konstatiert gerade Navarro das negative Bild des Intellektuellen in kubanischen Vorabendserien der siebziger Jahre „nicht nur als unpopulärer Typus, sondern grundsätzlich als Persönlichkeit bar jeder Kubanität". Dies, so die Begründung, sei ein Erbe des Antiintellektualismus der spanischen und US-amerikanischen Kultur.

Mit der Veränderung der Akteure und ihres Verhältnisses zueinander fanden neue Sujets Eingang in die kulturpolitischen Diskurse. Zu diesen „*deslizamientos y desbordes*" (Abreu 2010a) zählt in erster Linie die Auflösung de *lo popular* als nationalstaatlicher und kultureller Bezugspunkt. In

---

33 Die von Navarro und anderen Intellektuellen verwandte Wendung „memoria y olvido" ist auch der Titel eines Essaybandes des Schriftstellers Leonardo Padura aus dem Jahr 2011.

dieser Hinsicht präsentiert sich Kuba als integraler Bestandteil des globalisierten lateinamerikanischen und karibischen Raumes, in dem das lange akzeptierte Paradigma der Populärkultur über nationalstaatliche Grenzen hinaus ins Wanken geraten ist (Franco 1997: 62 ff.). An seine Stelle treten im Kuba der neunziger Jahre sozialkritische Diskurse über neue Problematiken der Exklusion und Marginalisierung und damit „neue Wahrnehmungen der Bürgerschaft, die von diesen sozialen Subjektivitäten aus dem Zentrum des volkstümlichen Lebens in die Szenarien der kubanischen Kulturdebatte einzuführen versucht werden". (Abreu 2010a). Tatsächlich ist der Unterschied zu Carlos Puebla erheblich, der nach 1959 textete:

> Soy del pueblo/ pueblo soy/ y adonde me lleva el pueblo/ voy" und „Este es mi pueblo/ este es mi pueblo feliz/ cuanto lo quiero.34

Abreu und andere machen für diese Entwicklung auch die zunehmende „Entterritorialisierung" und die „für den globalisierten Postmodernismus charakteristische Heterogenität" verantwortlich. An die Stelle des Volkes und von *lo popular* treten subalterne Identitäten, die zuvor verdeckt waren; *lo popular, lo público und lo subalterno* werden zudem zu „austauschbaren Begriffen". Die Dekonstruktion klassischer Termini geht auch in Kuba einher mit der Krise herkömmlicher Formen des kulturellen Ausdrucks, denn „die Erzählung der Aufklärung verliert ihre universelle Verständnis bringende Wirkung und an ihrer Stelle öffnet sich eine Kluft zwischen der Sicht der Welt vom Standpunkt der Metropolis einerseits und der Bedeutung, die ihr entlang der Peripherie neu verliehen wird" (Abreu 2010a). Ohne Zweifel sind es gerade die Formen oraler kultureller Expression, die seit den neunziger Jahren diese „in der kollektiven Erinnerung des Subalternen sedimentierten Lebensstile" erfahrbar gemacht haben. Das im Folgenden (S. 71 ff.) behandelte Beispiel der Hip-Hop-Kultur zeigt, wie globalisierte Formen kultureller Expression subalternen Stimmen als Vehikel dienen können, um die im staatlichen Diskurs tendenziell gemiedenen Themen wie Rassismus auf die Agenda zu setzen. Bis hierhin lässt sich also feststellen, dass der in der Krise begründete Wandel kulturpolitischer Paradigmata nicht nur neue Akteure, sondern auch neue Aktions- und Expressionsformen im kulturellen Raum Kubas etabliert hat.

III.1 Die innerkubanische Debatte

Im Verlauf der neunziger Jahre versuchten kulturpolitische Akteure in der staatlichen und nicht-staatlichen Sphäre, die dominanten Diskurse ihren Anschauungen gemäß neu auszurichten. Das Ringen um Deutungshoheiten

---

34 Refrains der Lieder Soy del Pueblo und Canto a mi Pueblo.

bestimmte die Debatten bis weit in das vergangene Jahrzehnt hinein. Dabei nutzten die staatlichen Akteure der politischen und kulturellen Ebene den Zugang zu offiziellen Institutionen und Publikationen gewissermaßen als Wettbewerbsvorteil, während autonom Handelnde neue Aktionsräume erschlossen. Statt eines repressiven Umgangs mit Kritikern setzte die offizielle Kulturpolitik auf eine strukturelle Dominanz, die durch eine zunehmende Heterogenität der Akteure jedoch zunehmend aufgelöst wird. Anders ausgedrückt: Der kubanische Staat hat die Deutungshoheit in zahlreichen Debatten verloren.

Von offizieller Seite versuchte man, das sozialistische System nach dem Wegfall der Sowjetunion als geopolitischen und kulturellen Bezugspunkt (wieder) verstärkt in der Tradition des kubanischen Antikolonialismus zu präsentieren. Mit der Revolution 1959 habe eine „Politisierung von José Martí" eingesetzt, die Intention und Wirken des Nationalhelden entspräche (Hart Dávalos 2003: Interview). Martí wird in diesem Zusammenhang als „intellektueller Vordenker des Sturms auf die Moncada-Kaserne 1953" angeführt (a.a.O.). In Kuba sei „zwar (die) Lenin('sche Lehre) präsent gewesen, aber immer auch die Ideen von Martí", so Hart, der auf den Eurozentrismus von Marx als „einen seiner Fehler" verweist. In Kuba sei der Marxismus weiterentwickelt und an die regionalen Realitäten angepasst worden. Diese Thesen stehen beispielhaft für den nach 1991 verstärkt unternommenen Versuch, einen „kubanischen Marxismus" aus der Geschichte des sozialistischen Systems nach 1961 herzuleiten. Begleitet wurde dieses Ansinnen von der Errichtung eines neuen literarischen Kanons, was wiederkehrende Kontroversen provozierte. Ambrosio Fornet (1995: 19 ff.) etwa schreibt über den „Roman der Revolution" und konstatiert:

> El rasgo dominante de la novela de la Revolución Cubana es [...] la conciencia histórica o, más bien, una vivencia histórica en la que se articulan –a través de múltiples y peculiares discursos– todos los tiempos del hombre y con ellos, la fantasía y la crónica, el drama individual y la epopeya colectiva.

Trotz dieser Definition fehlen in Fornets weiteren Ausführungen Autoren wie Guillermo Cabrera Infante, von Reinaldo Arenas findet lediglich *Celestino antes del Alba* Erwähnung. Diese Ausgrenzung im neu geschaffenen Kanon betrifft auch „andere Autoren der Diaspora, bei denen der Topos der Revolution schon fast krankhaft als Bezugspunkt dient" (Abreu 2007: 294).

Unabhängig von den staatlich konzertierten Diskursen bildeten sich in den neunziger Jahren unabhängige Publikationen, die einen nachhaltigen Einfluss auf die kulturelle Sphäre ausübten. Literaturkollektive wie *Diaspora(s)* und *Azoteas* entwickelten sich weitgehend ungehindert außerhalb der staatlichen Ebene, wobei sie die mangelnde Unterstützung der kubanischen Institutionalität durch den Aufbau transnationaler Netzwerke kompensierten. Bei einer Konferenz zu Periodika im Sitz des Schriftstellerverbandes UNEAC 2001 wurde die *Azoteas*-Gründerin Reina María Rodríguez erst auf Druck einer US-amerikanischen Delegation eingeladen (Ponte 2003: Interview). Sie sprach am Ende, ohne dass die Organisatoren auf sie eingingen.

Die von Ponte 2003 geschilderte Szene ist exemplarisch für das Verhalten staatlicher Institutionen gegenüber unabhängigen Akteuren des campo cultural cubano. In Zeiten zunehmender Transnationalität und des Bedeutungsgewinns des Internets als Publikationsraum auch in Kuba finden Verbote und Zensur im Umgang mit kritischen Intellektuellen kaum mehr statt. Stattdessen wird die Kritik ignoriert, ihr wird quasi die Diskurswürdigkeit aberkannt:

> El papel del intelectual revolucionario como crítico de la propia realidad social revolucionaria raras veces es negado abiertamente, pero también raras veces es afirmado o reafirmado sin ambages; la mayor parte del tiempo es silenciado o mencionado de paso como un mero rasgo secundario o facultativo. (Navarro 2000)

Entsprechende Verhaltensschemata sind vor allem in der ersten Hälfte der neunziger Jahre festzustellen, als im Rahmen der Neuausrichtung staatlicher und kulturpolitischer Diskurse der Kanon kubanischer Klassik neu ausgehandelt wurde. Zu den dissidenten Akteuren zählte damals der später emigrierte Essayist Rolando Sánchez Mejías, der bei einer Konferenz in der Kulturstiftung *Casa de las Américas* 1994 für eine radikale Loslösung von den Protagonisten der kubanischen Klassik plädierte, um eine seiner Meinung nach bestehende Phalanx aus staatlichen Akteuren und Kulturfunktionären aufzubrechen, deren Realismus-Doktrin gesellschaftlichen und kulturpolitischen Neuerungen im Wege stünden. Sánchez Mejías argumentierte:

> En un país donde el Estado ha alentado una política cultural de escritores artesanos cuyo realismo es peor que el realismo socialista porque se enmascara detrás de los supuestos eternos de la literatura, cualquier fuga de la escritura y cualquier posibilidad de "pensar" escribiendo ha sido mirada desde la incredulidad o la suspicacia, incluso por el gremio intelectual cubano, inseparable del Estado. (Sánchez Mejías 1994)

Neben der Kritik an der Kulturpolitik und der Institutionalität des Landes plädierte Sánchez Mejías für den besagten Bruch mit den Protagonisten der klassischen kubanischen Literatur, weil sie nicht als Referenz für ein modernes Schrifttum dienten, denn „viele Seiten von Virgilio Piñera und Lezama Lima scheinen mitnichten gut geschrieben". Der Autor paart sein Urteil mit dem Appell für Pluralismus, denn:

> [...] aquello que para Lezama y para Vitier fue una consecución de la Historia, fue para otros el dolor de la historia en sus cuerpos. (ibd.)

Zu den Widersprüchen der Entwicklung des campo cultural cubano im Untersuchungszeitraum zählt, dass die mitunter hart ausgefochtenen Konflikte um solche abweichenden Meinungen auf der einen Seite zur Emigration der Protagonisten führte, während es anderen gelang, im literarischen Feld historisch-politische Positionen neu zu verhandeln. Der bereits 1989 prämierte und später publizierte Roman *Cañón de retrocarga* von Alejandro Álvarez Bernal etwa problematisiert die Erfahrungen der kubanischen Beteiligung am Angola-Krieg und bedient sich dabei einer „losgelösten narrativen Stimme, die das Konzept der Einheit und Vollendung auf der Ebene der (Re-)Präsentation von sich weist, die statt dessen die geschichtliche Linearität ablenkt und auf diese Weise leere und unberührte Räume schafft" (Abreu 2007: 398).

Eine der bedeutsamsten Veränderungen scheint daher weniger auf der Seite der kulturellen Akteure stattgefunden zu haben, sondern im Umgang mit einer stets ausgeprägten Heterogenität der Positionen. Das Bachtin'sche „autoritäre Wort" hat einem „überzeugenden Wort" Raum gegeben, das konkurrierende Meinungen im nationalstaatlichen Rahmen zu akzeptieren bereit ist. Ein andauernd kompromissloser Umgang hingegen ist nach wie vor bei politischen Akteuren zu beobachten, vor allem, wenn sie institutionell im Ausland unterstützt werden. Dieses Kriterium trifft etwa auf die regierungskritische Publikation *Encuentro de la Cultura Cubana* zu, aber auch auf Protagonisten der kulturellen Sphäre.

III.1.1 Emanzipation der *Intelligenzija cubana*

Die entstandenen Freiräume Anfang der neunziger Jahre führten zu einer „Aufbruchstimmung" unter Kulturschaffenden (Márquez de Armas 2003: Interview). In zunehmendem Maße versuchten sie von der kulturellen Sphäre aus Einfluss auf die staatlichen Diskurse zu nehmen. Einer der am vehementesten ausgefochtenen Konflikte bezog sich auf die Frage von Nation und Nationalismus. Die Hinterfragung nationalistischer Diskurse – eine Position, die etwa von der Gruppe *Diáspora(s)* vertreten wurde – traf auf erheblichen Widerstand von Vertretern der staatlichen Kulturpolitik, antinationale Positionen setzte der damalige Kultusminister Abel Prieto mit einer Parteinahme gegen die Kubanische Revolution gleich. An dieser Kontroverse wird die Anfang des Jahrzehntes massiv verteidigte, in ihrer Radikalität aber dennoch neue Gleichsetzung des politischen Systems mit „der Revolution" deutlich. Das Verhältnis zur Einheit Nation-Revolution definiert seither von kubanischer Seite die Zugehörigkeit zur nationalen kulturellen Sphäre oder aber den Ausschluss aus ihr.

Dieses heute gefestigte Definitions- und Einordnungsmuster war besonders in der ersten Hälfte der neunziger Jahre flexibler, zumal Schriftsteller- und Intellektuellenzirkel wie *Diáspora(s)* „autonome Räume" zur Debatte schaffen konnten (a.a.O.). Die so erreichte Loslösung von den staatlichen Produktions- und Distributionsmechanismen gelang auch mit Hilfe ausländischer Kontakte. So wurden die ersten Hefte der insgesamt rund ein Dutzend Ausgaben auch im Ausland kopiert und nach Kuba reimportiert. Über die gleichen transnationalen Netzwerke fanden bis dahin in Kuba nicht oder kaum kursierende neue Schriften ihren Weg auf die Insel. Bei *Diáspora(s)* fanden so erstmals Debatten über Enzensbergers Staatstheorie statt, gelesen wurden zudem Schriften zur Demokratietheorie und Bildung von US-amerikanischen Autoren (a.a.O.).

Nach der Einstellung des Projektes *Diáspora(s)* und anderer vergleichbarer Initiativen waren zwei Trends zu erkennen: Zahlreiche Intellektuelle verließen Kuba, um ihre Arbeit meist in den USA oder Europa fortzuführen. Andere wie Navarro und Zurbano wirken in Kuba weiter, um kontroverse Positionen zu verteidigen. Nach Navarro (2000) ist dies aufgrund der Lehre aus den geopolitischen Umbrüchen 1989-1991 möglich, denn „das Glück des Sozialismus' nach dem Fall des sozialistischen Lagers liegt [...] in seiner Fähigkeit, dem Intellektuellen die Möglichkeit zur Publikation der Wahrheit zu garantieren, ohne dass er auf den *Samisdat* oder den *Тамиздат* (Tamisdat)35, öffentliche Sphären der Diaspora, andere kulturelle Räume oder extraterritoriales Mäzenatentum zurückgreifen muss und ohne dass er sich den von Brecht benannten ‚Fünf Schwierigkeiten beim Schreiben der Wahrheit' zu stellen hat".

Zu der Emanzipation der Intelligenzija cubana gehören vor diesem Hintergrund gerade auch entsprechende Ansätze innerhalb der staatlichen Publizistik. So war ein wichtiger Vorläufer der unabhängigen Projekte in den neunziger Jahren die Kulturzeitschrift *Naranja Dulce*, die zwischen 1987 und 1989 als Beilage der 1966 gegründeten Monatszeitschrift *El Caimán Barbudo* erschien. Die Herausgeber versuchten im Klima der Öffnung und angesichts der fortschreitenden Loslösung von dem kulturellen und politischen Einfluss der Sowjetunion zunehmend internationale Themen in die

---

35 Samisdat siehe S. 31, Tamisdat: Russischer Neologismus, wörtlich „Dortverlegtes", also im Ausland publizierte Werke.

nationale Debatte einzubringen, während die meisten kubanischen Publikationen sich auf Kuba beschränkten und auch beim *Caimán Barbudo* ein „egozentrischer lokal-nationaler Geist mit Anflügen kulturellen Chauvinismus'" (Caballero 2006) vorherrschte. Explizites Ziel war es, unveröffentlichte Essays und Manuskripte zu publizieren, wobei *Caballero* mit dem Terminus *desconocidos-escamoteados* auch die vorsätzliche Ausgrenzung der Schriften aus den kulturpolitischen Diskursen als Auswahlkriterium nennt. Aufgegriffen wurde etwa das Werk des sowjetischen Filmemachers Andrei Tarkowski, der wenige Jahre zuvor in Paris gestorben war, oder das Schaffen des italienisch-dänischen Theaterregisseurs und -anthropologen Eugenio Barba, beides Kulturschaffende, die bis dahin in der kubanischen Debatte keinen Eingang gefunden hatten.

1989 kam es zwischen *Naranja Dulce* und der Kommunistischen Jugendorganisation UJC, Herausgeberin des *El Caimán Barbudo*, zu einem offenen Konflikt über die Haltung zum interdisziplinären Kulturprojekt PAIDEIA, dem „bis dahin einzigen Versuch, in Kuba eine postmoderne Kulturpolitik zu etablieren" (Rojas 2006). Die Ideologieabteilung der UJC hatte die kulturpolitischen Thesen eines Manifestes von PAIDEIA bereits verworfen und protestierte gegen den Abdruck des Textes in *Naranja Dulce*. Der Konflikt war nicht ausgestanden, als das Erscheinen 1989 „aus Papiermangel" eingestellt wurde. Mehrere der Mitarbeiter und Autoren emigrierten später.

Ungeachtet des wiederholten Scheiterns einzelner Projekte und der darin begründeten Resignation außerstaatlicher kultureller Akteure setzten sich gegen Ende der neunziger Jahre neue Diskurse durch, die aus der Subalternität mitunter weit in das politische Feld hineinreichten und nicht verschwiegen werden konnten. Abreu (2010c: 4) bestätigt unter Rückgriff auf einen Terminus Pablo Oyarzúns (1994) eine zunehmende Rolle der *textualidades ladinas*36, diffuser, dissidenter Stimmen, die den herrschenden Diskurs zu dekonstruieren halfen:

> Estas textualidades ladinas [...] sus prácticas y discursos artísticos discordantes, disidentes frente al canon, la retórica oficial del discurso político, los relatos de la historia oficial y la escritura de los discursos nacionalistas, desmontaron

---

36 Moraña (1998: 98) plädiert unter Rückgriff auf diesen Terminus aus der Sicht der Subaltern Studies für „otras posturas, de contrarrepresentación o de desrepresentación, a cargo de textualidades activamente discordantes: textualidades "ladinas" cuyas movidas tácticas [...] las señala como prácticas astutas, sagaces, taimadas, recalcitrantes al orden central de clasificación académica del saber, a la vez que expertas en burlar sus sistemas de valoración con imprevisibles artificios que confundan o desorganicen su control general del límite entre lo traducible y lo intraducible.

el emblema heterosexual de la nación, releyeron, desde sus pliegues y silencios, las categorías de "lo popular" [...]; introdujeron nociones de texto y discurso; violentaron el panorama y el cauce de la cultura cubana inmersa todavía en un sopor que no eran otra cosa que las secuelas, heredadas de un largo y horripilante proceso de dogmatismo, la exclusión, tachaduras y otras prácticas coercitivas y de violencia simbólica iniciadas a finales del decenio del sesenta.

Neue Diskurse im staatlichen und außerstaatlichen Kulturbetrieb sowie die Oyarzún'schen *textualidades ladinas* waren letztlich durch das Aufbrechen der gesellschaftlichen und institutionellen Strukturen im Kuba der neunziger Jahre möglich. Durch die Abnahme der Entitativität37 der kubanischen Gesellschaft (Nijstad/Van Knippenberg 2007: 414) auf verschiedenen Niveaus entstanden neue Bezugssysteme, aus denen heraus Identitäten und Werte aufgebaut und verteidigt wurden. In der kulturellen Sphäre Kubas sind Beispiele dafür die entstehenden transnationalen Netzwerke, aber auch subalterne Systeme wie die afrokubanischen Kulte der Palo und Santería. Die mit dieser Entwicklung abnehmende Salienz, also die schwindende Selbstdefinition der Kubanerinnen und Kubaner als Mitglieder identitätsstiftender politischer Gruppierungen (UJC, PCC, FMC ...), schmälerte wiederum die diskursive Macht der staatlichen Institutionen. Diesem inzwischen irreversiblen Trend wurde die Staatsführung 2011 und 2012 gerecht, indem sie den politischen Massenorganisationen eine Rolle als Avantgarde im gesamtgesellschaftlichen Kontext zuwies. Ein umfassender Vertretungsanspruch „für das Volks" wurde damit erstmals nach Jahrzehnten aufgegeben.

III.1.2 Die *Guerrita de los e-mails*

Am 5. Januar 2007 strahlte die Kultursendung *Impronta* des staatlichen kubanischen Fernsehkanals *Cubavisión* ein folgenschweres Interview aus. Das Programm widmete sich wöchentlich dem Leben und Werk eines Kulturschaffenden. Es war eher eine Spartensendung, doch die Einladung des Gastes an diesem Tag erhielt in den folgenden Wochen ungeahnte Aufmerksamkeit. Der ältere Herr im weißen Hemd, der an diesem Abend vor den Kameras Platz nahm, hieß Luis Pavón Tamayo, ehemaliger Präsident des *Consejo Nacional de Cultura* (1971-1976), des Nationalen Kulturrates. Zugleich Hauptverantwortlicher für das *Quinquenio Gris*, das Graue Jahrfünft, ein Zeitraum, „der vom Dogmatismus, der Zensur und der ideologischen Repression in den Gebieten der Kunst, Literatur und Soziologie charakterisiert war" (Criterios 2007: 5).

---

37 In der Sozialpsychologie der innere Zusammenhalt von Gruppen.

Das Programm sorgte auch für Aufregung, weil schon kurze Zeit zuvor in dem Programm *La Diferencia* des gleichen Kanals Jorge Seguera interviewt worden war, der Anfang der siebziger Jahre der kubanischen Radiobehörde *Instituto Cubano de Radiodifusión* (ICR) vorstand und in dieser Zeit für die Verbote ausländischer Musik – wie jener der Beatles – oder von Musik kubanischer Künstler wie Silvio Rodríguez verantwortlich war. Beide Interviews wurden von Kulturschaffenden unmittelbar mit dem Fernsehauftritt eines dritten Funktionärs in Verbindung gebracht: Armando Quesada war wenige Monate zuvor in der Sendung *Diálogo Abierto* des TV-Kanals *Tele Rebelde* interviewt worden. Quesada stand unter Pavóns Zeit als Präsident des Nationalen Kulturrates dessen Theaterabteilung vor und war in dieser Funktion hauptverantwortlich für die Verfolgung von Homosexuellen. Die Aufregung unter Intellektuellen und Künstlern über die Inszenierung der Altfunktionäre hatte zwei Gründe: Zum einen die Wut über das „Weißwaschen" ihrer Biografien – in keiner der Sendung war die Verantwortung der Gäste für Repression thematisiert worden –, zum anderen die Angst vor einer Rückkehr der Dogmatiker (a.a.O.: 6). Am Morgen des 6. Januars versandte der Schriftsteller Jorge Ángel Pérez eine Massen-E-Mail an Freunde und Kollegen, in der er gegen Pavóns TV-Auftritt protestierte und in der er den Funktionär als „eine der grauenvollsten und am meisten gefürchteten Persönlichkeiten in der Geschichte der kubanischen Kultur" bezeichnete. Es folgten E-Mails des Essayisten Desiderio Navarro und Dutzender weiterer Kulturschaffender. In der Nacht auf den 7. Januar schlug der Schriftsteller Reynaldo González inmitten inzwischen Hunderter E-Mail-Nachrichten eine gemeinsame Erklärung an das Radio- und Fernsehinstitut ICRT vor (a.a.O.: 11), wenige Stunden später am 7. Januar luden der damalige Kultusminister Abel Prieto und der Präsident des Schriftstellerverbandes UNEAC, Carlos Martí, zu einer Versammlung am 9. Januar ein. Es folgte eine zweite Versammlung am 13. Januar, bei der die Programmverantwortlichen der Sendung *Impronta* anwesend waren. Am Ende dieser Sitzung schlug Navarro eine Konferenzreihe über das Graue Jahrfünft vor, das auch unter dem Namen *Pavonato* bekannt ist.

Vor Beginn der ersten Konferenz des Zyklus' gab Kultusminister Prieto der mexikanischen Tageszeitung La Jornada ein Interview. Darin sagte er:

> La dirección del partido les envió un mensaje, del que yo fui portador, en el sentido de que había sido un error la presencia de esos tres ex funcionarios. Porque hoy la dirección de este país ve muy críticamente esa etapa, por suerte breve, donde nos apartamos de la política cultural que la Revolución inauguró en 1961 y en la que se invitaba a unirse en la obra cultural a los artistas y escrito-

res de todas las tendencias [...] incluso no revolucionarios pero que fueran honestos. (García Hernández 2007)

Dass die Initiative zu dem folgenden Konferenzzyklus von dem Essayisten Navarro ausging, war kein Zufall. Die von ihm geleitete Zeitschrift *Criterios* wurde im Februar 1972 als direkte Reaktion auf die Schließung der Monatsschrift *Pensamiento Crítico* ins Leben gerufen, „um dem intellektuellen Obskurantismus entgegenzutreten" (Navarro 2007: 17 f.). Als explizites Ziel der Publikation und des angegliederten Studienzentrums nennt Navarro auch die Pflege der Kontakte zu ausländischen Akteuren (ibd.). Trotz der repressiven Kulturpolitik sei es so auch in der ersten Hälfte der siebziger Jahre möglich gewesen, kontroverse Positionen zu vertreten, sagte Navarro bei der ersten Konferenz am 30. Januar 2007, um Beispiele anzuführen: Gegen den Sozialistischen Realismus und die ideologisch-dogmatische Linie der damals dominierenden Kulturfunktionäre habe *Criterios* russischen Formalisten und tschechischen Neostrukturalisten ein Forum geboten. Navarro konstatierte gleichwohl die Marginalisierung autonomer Medien und verglich die historische Entwicklung mit der Lage 2007. Die massive E-Mail-Reaktion von Künstlern und Intellektuellen auf die Auftritte der Altfunktionäre ließen zwei Rückschlüsse zu:

> La inactividad o inoperancia de los espacios de expresión o debate (intrainstitucionales y públicos) existentes y la inédita posibilidad de la constitución inmediata de una esfera pública supletoria, suplente, ya que no puede llamarse siquiera ni alternativa, ni complementaria, dada la falta de otra realmente funcionante. (a.a.O.: 23)38

Navarro wies auf die offensichtliche Bedeutung elektronischer Medien bei der Schaffung dieser *esfera pública supletoria* hin, konstatierte zugleich aber den Ausschluss vieler möglicher Debattenteilnehmer. Es müsse daher um einen Wandel der (In-)Funktionalität etablierter Medien gehen. Als Beispiel für die voneinander getrennten diskursiven Räume führte er den Umgang mit dem Phänomen der Prostitution (besser: des *jineterismo*) zu Beginn und im Verlauf der Spezialperiode an: Die Bevölkerung habe um diese soziale Krisenerscheinung gewusst, die staatlichen Medien hätten sie jedoch verschwiegen und schließlich sei die Debatte sphärenübergreifend von Intellektuellen angestoßen worden, etwa über die literarische Verarbeitung. Die Initiierung eines solchen kritischen Diskurses forderte der Essayist auch für den Umgang mit historischen Verfehlungen der Kulturpolitik: Auch hier müssten ein umfassender Dialog begonnen und Tabus gebrochen werden. Bei der ersten Konferenz der Debattenreihe am 30. Januar 2007 untermau-

---

38 Kursivsetzung wie im Original.

erte der Essayist Ambrosio Fornet diese Kritik am fehlenden historischen Kollektivbewusstsein mit der Begründung der Sendeleitung von *Impronta*: Eine junge Regisseurin hatte angegeben, nichts von Pavóns Wirken gewusst zu haben. Fornet fragte:

> ¿Por qué tenía la joven directora que saber? ¿Acaso ustedes, los viejos que vivieron y sufrieron aquella etapa, han escrito algún libro o folleto, han publicado alguna serie de artículos, han dado un ciclo de charlas sobre el tema? (Fornet 2007: 26)39

Nach dem Abflauen des repressiven Dogmatismus sei die nahe Vergangenheit tabuisiert worden, um die nationale Einheit nicht zu gefährden. Indem kulturelle Akteure auf Diskrepanzen und Meinungsunterschiede beharrten, liefen sie Gefahr, sich dem Vorwurf auszusetzen, „dem Feind Waffen in die Hände zu spielen" (ibd.). Fornet verwies zugleich auf die Erfahrungen in der Sowjetunion, in der das Verschweigen von Divergenzen ein „Klima der Unbeweglichkeit" geschaffen habe. Fornet bezog sich in seinen Interventionen 2007 maßgeblich auf die Folgen des Ersten Nationalen Kongresses über Bildung und Kultur 1971. In Folge hätten Funktionäre den Nationalen Kulturrat und seine Untergliederungen übernommen, die, „soweit ich mich erinnere, keine organischen Verbindungen zur [intellektuellen und politischen, d.A.] Avantgarde hatten" (a.a.O.: 38). Nur das kinematographische Institut ICAIC und die Kulturstiftung *Casa de las Américas* hätten eine relative Autonomie bewahrt, während eine Säuberungswelle eingesetzt habe, die sich mit pseudowissenschaftlichen Argumenten gegen Homosexuelle wandte (a.a.O.: 40). Diese Linie war in der Abschlusserklärung des Kongresses von 1971 definiert worden:

> Los medios culturales no pueden servir de marco a la proliferación de falsos intelectuales que pretenden convertir el esnobismo, la extravagancia, el homosexualismo y demás aberraciones sociales en expresiones del arte revolucionario (Congreso Nacional de Educación y Cultura 1971)"

Im Zuge der Debatten 2007 ging es den Beteiligten nach eigenem Bekunden vor allem darum, das historische Bewusstsein wiederher- oder richtigzustellen. Einen der beeindruckendsten Zeugnisberichte trug der Schriftsteller Eduardo Heras León im Mai 2007 in der Kunsthochschule von Havanna, dem *Instituto Superior de Arte* (ISA), vor. Heras León schilderte in dokumentarischer Genauigkeit das Zusammentreffen mit seinem Kollegen Antón Arrufat in der ersten Hälfte der siebziger Jahre und stellte zum Ende der auktorial-literarischen Einleitung fest:

---

39 Kursivsetzung wie im Original.

> Solo los unía, en ese instante crucial de sus vidas, la capacidad de resistencia
> ante la injusticia. ¡Quién sabe si en encuentros como éste comenzó a forjarse la
> actual unidad del movimiento intelectual cubano! (Heras León 2007: 70)

Der Schriftsteller legte sein Hauptaugenmerk auf die Exklusion kritischer Intellektueller in dem Grauen Jahrfünft und macht dies am Beispiel des Umgangs mit seinem frühen literarischen Werk deutlich. In der Erzählung *Los pasos en la hierba* hatte Heras León seine Erfahrungen als Anführer einer Einheit von Milizionären während der Invasion in *Playa Girón* 1961 geschildert. Dabei war er in Anlehnung an Alexander Beks Kriegsepos „Wolokolamsker Chaussee" aus dem Jahr 1944 auf das persönliche Erleben des Konfliktes eingegangen. Diese Herangehensweise an die jüngere Geschichte diente 1971 als Anlass für eine Welle von Attacken gegen den jungen Autoren, die vor allem von der Militärzeitschrift Verde Olivo ausgingen. Die Darstellung der Angst und der Zweifel des Einzelnen in *Los pasos en la hierba* wurden als Diffamierung der „mächtigen und neuen Armee" gedeutet, von „Männern, die ihren Marsch mit der selben revolutionären Überzeugungen begannen und beendeten" (a.a.O.: 76). Auf die ersten Kritiken dieser Art im April 1971 folgte im Mai seine Entlassung aus dem Redaktionsrat der Zeitschrift *El Caimán Barbudo* und wenig später der Ausschluss aus der Jugendorganisation UJC sowie die Strafversetzung in ein Stahlwerk.

Heras León schilderte en detail den ritualisierten Ausschluss aus den politischen und universitären Kreisen sowie die persönlichen Folgen, die ihn fast in den Freitod trieben. Nach seiner Rehabilitierung veröffentlichte er 1977 die Erzählung *Acero*, in der er sich mit der Zeit der Strafarbeit im Stahlwerk auseinandersetzt. 2007 dann rechnete er mit den Repressoren ab:

> Quienes pensaron que un libro no sobrevive a la censura y que bastaba una resolución burocrática para desaparecerlo no sólo de la mente y el corazón de los lectores, sino de la propia historia de la narrativa cubana [...] jamás pudieron imaginar que 35 años después, aquel mismo libro, como tantos otros libros de tantos otros autores censurados y perseguidos, siguiera vivo. (a.a.O.: 91)

Solche persönlichen Schilderungen und Eindrücke wurden in der mehrmonatigen Debatte 2007 von einer historiografischen Auseinandersetzung flankiert. Der Sozialwissenschaftler und Philosophen Fernando Martínez Heredia beschrieb im Rahmen des Debattenzyklus die Kontroversen zu Beginn der sechziger Jahre, in denen die Tendenz bestanden habe, „die soziale und humane Befreiung durch neue, im Namen des Sozialismus errichteten Dominanzen zu schmälern" (Martínez Heredia 2007: 146). Diese Trends hätten den Verlauf des politischen Emanzipationsprozesses zwar negativ beeinflusst, zugleich aber zur Debattenkultur beigetragen. Martínez Heredia verweist gleichermaßen auf die gesamtpolitische Situation, die von „gewaltsamen Auseinandersetzungen und imperialistischer Aggressivität" gekennzeichnet gewesen sei (a.a.O.: 147). Auf die wirtschaftlichen Rückschläge und das Scheitern der *Gran Zafra* (vgl. I.1.) habe mit der Nachricht vom Tod Ernesto „Che" Guevaras kaum mehr Aussicht auf eine sozialistische Transformationswelle in Lateinamerika und der Karibik bestanden. In dieser Atmosphäre sei der Spielraum für kritische Stimmen zunächst enger geworden, Anfang der siebziger Jahre dann sei interne Kritik kaum mehr möglich gewesen. Martínez Heredia bekannte:

> En ese marco, el pensamiento social sufrió una sujeción a cambios que provocaron la detención de su desarrollo, y un empobrecimiento y dogmatización. (a.a.O.: 156)

Erst mit dem Prozess der *rectificaciones* (vgl. I) seien diese „Fehlentwicklungen" (Martínez Heredia) ab dem Jahr 1986 nachhaltig gestoppt und umgekehrt worden, wobei bis 2007 „ein breiter Prozess der kritischen Analyse" ausgeblieben sei. Der Autor und Geisteswissenschaftler plädierte dafür, die Revision der siebziger Jahre mit einer kritischen Auseinandersetzung mit der Entwicklung der neunziger Jahre zu verbinden (a.a.O.: 159).

Tatsächlich traf die Debatte vor allem bei Jugendlichen auf ein enormes Interesse; sie beschränkte sich mitnichten nur auf die Generation der unmittelbar Betroffenen. Als der Schriftsteller und Drehbuchautor Arturo Arango, Herausgeber der Kulturzeitschrift *La Gaceta de Cuba*, am 23. Februar 2007 vor hunderten meist jugendlichen Teilnehmern im ISA einen Workshop zum Thema leitete, problematisierte er den Ausschluss zahlreicher Interessierter bei den ersten Zusammenkünften im Januar. Er betonte die Bedeutung des Einbezugs Jugendlicher und konzentrierte sich in seinem Referat auf das subjektive Erleben der dogmatisch-repressiven Kulturpolitik durch jene Jugendliche, die – wie er selbst – von den damals verantwortlichen Kulturfunktionären Anfang der siebziger Jahre als *escritores emergentes* ausgebildet wurden, um die entstandenen Lücken nach der Verdrängung kritischer Akteure zu schließen (Arango 2007: 167). Durch die strenge ideologische Instruktion und die dogmatische Normierung auf kulturpolitische Parameter sei ihnen eine kritische Reflexion der Geschehnisse um sie herum nicht möglich gewesen, so Arango, der beispielhaft den Fall des geächteten Heberto Padilla anführrt[40]. Die Folgen der ideologischen Enge waren erheblich:

---

[40] Padilla war 1971 gemeinsam mit seiner Ehefrau Belkis Cuza Malé nach einer Poesielesung im Sitz des Schriftstellerverbandes UNEAC wegen „Subversion" festgenom-

Una de ellas fue que nunca pudimos cometer parricidio, ese acto que toda generación necesita para afirmarse en sí misma, para encontrar propios caminos. (a.a.O.: 167 f.)

Nach der Schilderung der ideologisch-institutionellen Kontrolle griff Arango die Frage auf, weshalb der Widerstand gegen die Repression ausgeblieben war. Bei ihm selbst habe erst Jahre später und durch den Kontakt mit ausländischen Akteuren ein Prozess der kritischen Reflexion eingesetzt, so Arango, der ein Scheitern des politischen Systems Kubas prognostizierte, „wenn sich der Dogmatismus ausbreitet und Debattenräume verschwinden" (a.a.O.: 172).

Die massive Reaktion auf die Fernsehauftritte der berüchtigten Kulturfunktionäre überraschte in ihrer Intensität offensichtlich nicht nur die unmittelbar Beteiligten, sondern auch die staatlichen Funktionsträger. Es brauchte scheinbar nur ein katalytisches Ereignis, um die emanzipierte Intelligenzija auf den Plan zu rufen.

Beachtlich ist in diesem Zusammenhang der unmittelbare Beistand durch das Kultusministerium und den Vorstand des Schriftsteller- und Künstlerverbandes UNEAC. Argumentativ bezeichnen sich die Kritiker der repressiven Kulturpolitik der siebziger Jahre als Vertreter der Kubanischen Revolution und grenzen sich damit effektiv von anticastroistischen Interessengruppen im Ausland ab.

Die Debatte war in der „heißen Phase" bis Ende 2007 von einer ständigen Selbstreflexion geprägt, die sich etwa an wiederkehrenden Fragen zur Inklusion Interessierter ausmachte. Offensichtlich war bei der Mobilisierung zum Protest und bei seiner Verbreitung die allseits unterschätzte Rolle neuer Medien. Dazu zählte freilich das Internet und E-Mails, aber eben auch digitale Speichermedien, über die Debattenbeiträge Verbreitung fanden. Über diese Kanäle wurden vor allem jugendliche Akteure (junge Kulturschaffende, Studierende etc.) mobilisiert.

Auch wenn die kritische Reflexion sich nach 2007 fortsetzte, blieb sie weitgehend – wenn auch nicht ausschließlich – auf kulturelle und intellektuelle Kreise beschränkt. Vereinzelt griffen Massenmedien die Geschehnisse im Januar 2007 und in den Folgemonaten auf.

Dennoch weist die zunehmende Einbindung Kulturschaffender in die Leitung von Fachinstitutionen (vgl III.2.1-3) darauf hin, dass eine erneute Entfremdung zwischen der kulturellen und politischen Sphäre verhindert werden soll.

---

men worden. Der Fall provozierte internationalen Protest, der 1979 schließlich Padillas Ausreise in die USA erwirkte, wo er im Jahr 2000 verstarb.

III.2 Musik

Unmittelbar nach der Kubanischen Revolution war auch die Musikszene des Landes von der Politisierung und damit einhergehenden Versuchen der Disziplinierung betroffen. Musiker wurden rasch der „Elitenkultur" oder „Massenkultur" zugerechnet, wobei sich die erstgenannte Klassifizierung meist auf US-amerikanische Genres bezog. Eine der Kontroversen zu Beginn der sechziger Jahre drehte sich um die „Feeling-Musik". Eine zunächst nicht öffentliche Kritik des Soziologen und Funktionärs Gaspar Jorge García Galló über den Bolero *Adiós Felicidad* der Komponistin Ela O'Farrill löste 1961 eine auch institutionell geführte Auseinandersetzung über die Rolle der Musik aus, die unter anderem in einer Konferenz unter Leitung Alejo Carpentiers in der Nationalbibliothek mündete. Während Pogolotti (2007: xvii) die Debatte damit rückblickend für einvernehmlich beendet erklärt, zeichnen andere Quellen ein negativeres Bild und begründen die spätere Emigration O'Farrills mit andauernden Anfeindungen.

Unbestreitbar ist, dass die Musik im revolutionären Kuba eine bedeutende Rolle spielte und bis heute ein umkämpfter Bereich der Künste ist. Auch unabhängig von der spezifischen Situation Kubas ist Musik als „grundlegendes Element der Kulturpolitik" anzusehen (Tickner 2006: 97), das maßgeblich zur (nationalstaatlichen) Identitätsbildung und Konstruktion des kulturellen Raums beiträgt (Bennett 2000: 181 ff.).

Schon während des Aufstandes gegen die Batista-Diktatur nutzten die Rebellen Musik als Mittel der politischen Propaganda. Die Guerilla-Combo *Quinteto Rebelde* etwa nutzte populäre Melodien als Basis für politische Texte. Aus dem Schlager *Respeto a tu amor* wurde *Respeto al Che Guevara* (Quinteto Rebelde 2001):

> Procura respetar al Che Guevara/ Evítate un problema con Fidel/Las cosas de Raúl hay que pensarlas/los rebeldes son difícil de coger.

Solche politischen Lieder genossen noch lange nach der Revolution staatliche Förderung. Noch 1977 attestierte die junge spanische Tageszeitung El País dem kubanischen politischen Chansonier Carlos Puebla, dass er „schon seit den vierziger Jahren ein Genre vertritt, dass wir als Protestsong bezeichnen können" (Esteve-Casanova 1977). Das Embargo und die spätere Blockade der USA dann schnitten Kuba weitgehend von der internationalen Musikindustrie ab, hinzu kam ein andauernd konfliktgeprägtes Verhältnis der nationalen Kulturpolitik zu ausländischen Einflüssen. Als junge Liedermacher ab der zweiten Hälfte der sechziger Jahre US-amerikanische und europäische Trends in ihre Kompositionen einfließen ließen, wurde der Vorwurf der *desviación ideológica* erhoben, also der „ideologischen Entgleisung". Opfer repressiver Maßnahmen waren auch spätere Ikonen der Nueva Trova – Pablo Milanés, Silvio Rodríguez – sowie andere Vertreter dieses später in einem stärkeren Maße staatsnah geprägten Genres. Tickner und Moore (2006) weisen darauf hin, dass die Isolation Kubas vom US-Markt endogene Stile begünstigte, wozu auch die Nueva Trova zählt.

Ein weiterer Grund für die starke Liedermacherbewegung der siebziger und achtziger Jahre bestand im Druck durch politische Akteure. Während des *Quinquenio Gris* schlossen sich junge Musiker in dem Verbund *Grupo de Experimentación Sonora del ICAIC* (GESI) zusammen, um sich künstlerische Freiheiten zu bewahren. Die GESI zählt heute als eine der Keimzellen der Nueva Trova und ihrer Folgegenres (u.a. Moore 2006: 153 f.).

Für die Konflikte sind nicht etwaige ästhetische Vorgaben aus dem Marxismus als federführende Ideologie im Kuba der sechziger Jahre verantwortlich. Lawrence H. Schwartz (1973: 108) hatte bei der Auswertung der Schriften von Karl Marx und Friedrich Engels nur vereinzelte Bezüge zu Fragen der Kunstästhetik gefunden, die seinem Urteil zufolge nicht für ein kohärentes Wertesystem dienen. Auch wenn Moore (2006) in den Statuten der PCC von 1965 vereinzelte Versatzstücke damals kursierender internationaler Dokumente zur sozialistischen Ästhetik ausmacht, sieht er in diesem Feld auch nur „einen Erklärungspunkt".

Das Primat der Politik in den Künsten und damit auch in der Musik des revolutionären Kubas erklärt sich nach Moore vor allem aus der Bedeutung, die diesem Bereich nach 1959 von staatlicher Seite beigemessen wurde. Diese Vermutung wird durch Odilio Urfé (1982: 165) und Fidel Castro (1961: 12) bestätigt. Zudem wurden in den ersten Monaten des Jahres 1959 per Gesetz neue Institutionen für die Musik-, Theater-, Film- und Literaturproduktion eingerichtet, allen voran die Nationale Kunsthochschule (ENA) im Jahr 1961 (MINCULT 1982: 72;75).

Diese Politik stand im Einklang mit den Erfahrungen europäischer sozialistischer Staaten, in denen im direkten Vergleich zu kapitalistischen Regimes stets mehr Mittel für Kultur aufgewendet wurden (Konrád und Szelény 1979: 179), während Féher (1983: 201) in dieser Schwerpunktsetzung auf die Kulturförderung den Versuch ausmacht, die kulturelle Sphäre zu kontrollieren. Die Beobachtung, der zufolge Kulturförderung und -kontrolle Hand in Hand gehen, lässt sich durchaus an der kubanischen Kulturpolitik der neunziger Jahre und des Folgejahrzehnts verifizieren (vgl. III.2.1-3).

Zweifelsohne haben die zehn Jahre von 1990 bis 2000 das sozialistische Kuba stärker verändert als die drei Jahrzehnte zuvor. Von den Umbrüchen, die, wie festgestellt, primär auf die ökonomische Krise zurückzuführen sind, war auch die Musikindustrie betroffen. Mit dem binnen kürzester Zeit aufgebauten Massentourismus wurden die touristischen Zentren nicht nur von Amateurmusikern überflutet, die – ästhetisch wie inhaltlich – ein starkes innovatives Potential mitbrachten. Von staatlicher Ebene wurde auch auf eine Vermarktung musikalischer Produkte gesetzt, was unter anderem in der Ausrichtung der Branchenmesse Cubadisco ab 1997 (mit einem mehrtägigen Salsa-Marathon) Ausdruck fand. Der trotz der US-Blockade gelungene Vorstoß auf den US-amerikanischen Musikmark begünstigte auch in diesem Bereich die Entstehung transnationaler Netzwerke (Moore 2006: 9), was nicht nur in den Produktionen des *Buena Vista Social Club* mündete, sondern auch Musiker der Diaspora nach Kuba brachte. Mit dem aufkommenden Tourismus hörte man auf der Insel wieder die Musik von Osvaldo Farrés – dem Komponisten des Evergreens Quizás, Quizás, Quizás –, Celia Cruz, Olga Guillot, Rolando Laserie, Willi Chirino und Gloria Estefan.

Die politische Musik verlor auch an Boden, weil sich die Zielgruppen – etwa Kubaner und Ausländer – nicht mehr trennen ließen. So erfreute sich der ursprünglich für den internationalen Tourismus gegründete Sender Radio Taíno mit seiner Pop- und Tanzmusik unter kubanischen Jugendlichen in den neunziger Jahren einer zunehmenden Beliebtheit. Hinzu kam, dass die zuvor etwa über das *Centro de Contratación Artística* zentral organisierte Vermarktung von Musikern 1997 per Gesetz liberalisiert wurde. Die Fokussierung auf die Marktkompatibilität gegenüber dem politischen Gehalt der Texte „half den Ton des politischen Diskurses zu verändern" (Moore 2006: 241), zugleich setzte eine Debatte über dieses neue Spannungsverhältnis ein, auf die Akteure aller Seiten Einfluss nehmen konnten (u.a. Faya 1996: 74 ff.). Die Liberalisierung des Binnenmusikmarktes äußerte sich auch in einer Verschiebung der Themenschwerpunkte: Seit den neunziger Jahren rückten genreübergreifend „Krisenthemen", also Alltagserfahrungen ins Zentrum; Moore u.a. attestieren den Vertretern der Novísima Trova vor allem eine Zuwendung zu Fragen der sexuellen Selbstbestimmung, darunter auch der Homosexualität, und der ethnischen Beziehungen (West-Durán 2004: 21). Durch die zunehmende Transnationalität der Akteure, die sich frei zwischen Kuba und dem Ausland bewegen, fanden externe Diskurse Eingang in die innerkubanischen Debatten.

Im Folgenden werden die Trends auf Genres unterteilt detaillierter dargestellt: Nueva Trova, Hip-Hop und Rock/Pop sowie andere Stile.

III.2.1 Nueva Trova

Wohl an stärksten mit dem sozialistischen System identifiziert wird die Liedermacherbewegung der Nueva Trova. Dabei vertraten die Angehörigen des Genres ursprünglich eine oppositionelle Haltung zur staatlichen, dominanten Musikästhetik. Mitunter äußerte sich diese Haltung auch in politischem Widerspruch.

Zunächst war die junge kubanische Liedermacherbewegung in den ausgehenden sechziger Jahren als *canción protesta* eingeordnet worden. Das Selbstverständnis der Vertreter bewegte sich zwischen einem Aufbegehren gegen die staatliche Autorität in Kuba und einer Identifizierung mit den antikolonialen Befreiungsbewegungen. Insofern stehen Gründung und Entwicklung der Nueva Trova im Einklang mit vergleichbaren Bewegungen auf dem amerikanischen Kontinent, angefangen beim Protestsong in den USA über die Bewegung *Nueva Canción* in Südamerika. Der Terminus der Nueva Trova ist eine Analogie zur klassischen kubanischen Liederkunst, der *Vieja Trova*, in der rurale, kolonialspanische und afrikanische Einflüsse zur Geltung kamen. So wie bei der traditionellen Form externe Elemente aufgenommen wurden, waren auch in der Nueva Trova früh Einflüsse US-amerikanischer Jazz- und Bluesstile zu erkennen. Die ästhetische Zuwendung zu US-amerikanischen und britischen Stilen provozierte in der politisch polarisierten Situation der sechziger Jahre Ablehnung staatlicher Kulturinstitutionen, die eine Eskalationsspirale in Gang brachten. Die Vertreter der Nueva Trova waren bald als *los conflictivos* verschrien (Rodríguez 1996: 10). Dennoch folgte auf die konfliktreiche Phase der sechziger und siebziger Jahre in dem darauffolgenden Jahrzehnt eine Institutionalisierung. Diese Entwicklung ging einerseits mit einer Annäherung an den staatlichen Diskurs und andererseits mit einer Entpolitisierung der Texte und einer Besinnung auf etablierte musikalische Genres einher. Erst in den neunziger Jahren und mit der Formierung der Novísima Trova, mitunter auch als „dritte Generation" der Nueva Trova bezeichnet, lösten sich die Vertreter der Bewegung aus der Koexistenz zum Staat. Carlos Varela sang in seinem Lied Jalisco Park (Varela 1989):

> A la Montaña Rusa la quisieron descarrilar/con todas las calumnias de la Patria Potestad/y luego a mi amiguito el padre se lo llevó/a montar el barquito y nunca regresó/ Todo daba vueltas como el carrusel/y todos amigos lloramos con él.

Das 1989 erschienene gleichnamige Album brach mit dem Trend der Vorjahre, als renommierte Vertreter des Genres nationalistische und antiimperialistische Inhalte transportiert oder schlichtweg Liebeslieder komponiert hatten. Nach der Ausreisewelle über den Hafen von Mariel hatte Pablo Milanés 1980 das Lied *Amo esta Isla* herausgebracht, in dem er sang:

> El que nació en el Caribe/ goza de una facultad/ al sentir su libertad/ se identifica y la vive. (Milanés 1982)

Mit der Krise Anfang der neunziger Jahre setzte nicht nur eine Re-Politisierung ein, sondern es fand auch eine kritische Auseinandersetzung mit der Realität statt. Ähnlich wie Vertreter anderer Genres widmeten sich junge Vertreter der Novísima Trova, aber auch Angehörige der zweiten Generation der Nueva Trova den Problemen des Alltags. Neben den sozialen Problemen durch das doppelte, bzw. dreifache Währungssystem hinterfragten die Künstler in ihren Liedern den staatlichen Diskurs. Pedro Luis Ferrer textet in der ersten Hälfte der neunziger Jahre mit *El abuelo Paco* (Ferrer 1994) ein Lied, das als kritische Reminiszenz auf die Rolle Fidel Castros verstanden wird:

> Ten paciencia con abuelo/recuerda cuanto hizo/no contradigas su afán/ponle atención a su juicio/gasta un poco de tu tiempo/complaciendo su egoísmo/No olvides que abuelo tiene/un revólver y un cuchillo/y mientras no se lo quiten/abuelo ofrece peligro.

In Kuba wurde Ferrer zu diesem Zeitpunkt freilich nicht mehr produziert, auch wenn er in den vergangenen Jahren – ebenso wie andere kritische Musiker – wieder verstärkt in der Öffentlichkeit wahrgenommen wird, so etwa mit Konzerten in den großen Theatern Carlos Marx und Mella, inklusive Rezension in staatlichen Onlinemedien (Cubadebate 2011)[41]. Seine letzten selbst publizierten Alben erscheinen indes in Miami und New York – und fanden von dort den Weg zurück nach Kuba. Die Dekonstruktion der offiziellen Historiografie nach 1990 stellt vor allem für Frank Delgado (1998) ein wichtiges Thema dar. In seinem Album *La Habana está de bala* heißt es in dem Lied *Si el Che viviera*:

> Si el Che viviera fuera, fuera/un amasijo desprolijo/que no refrendó nunca aquello que dijo/Fuera, fuera un ortodoxo, muera un dinosaurio/Fuera condición sine qua non y no te pierdas/y entre toda mierda afuera/ ya no fuera/San Ernesto de la Izquierda.

Wie Álvarez Bernal im literarischen Feld widmet sich Delgado in diesem Zusammenhang dem außenpolitischen Engagement Kubas in den antikolonialen Befreiungskämpfen Afrikas. Auch seine Annäherung über die persönlichen Erfahrungen ähnelt der Methodik des Romans *Cañón de retrocarga*. In Delgados Lied *Veterano* (2000) heißt es unter anderem:

> Angola era para mí sólo un nombre extraño/en la geografía de mis primeros años/Hasta que un día de la noche a la mañana/se convirtió en noticia de primera plana/sin que mediaran muchas explicaciones/confusos y con la ropa de camuflaje/un día subimos a los aviones/Y con el amor que en la distancia se agranda/después de cruzar las nubes/aterrizamos en Luanda.

---

41 Mit mehreren Dutzend beachtlichen Kommentaren von Usern aus Kuba.

Ein beherrschendes Thema der Trova-Musik der neunziger Jahre und des Folgejahrzehnts waren die Krisenerfahrungen und das Erleben der Migration nach Beginn der Krise. Das Thema findet sich im Werk fast aller in dieser Zeit aktiven Liedermacher. Delgado hinterfragt das lange bestehende negative Bild der auslandskubanischen Gemeinden und setzt es mit der (ökonomisch notwendigen) Annäherung nach 1991 in Kontrast. Vergleichbar mit der Intertextualität in Nina Hagens DDR-Hit Du hast den Farbfilm vergessen von 1974 textete Delgado 26 Jahre später:

> Yo siempre escuché hablar de la otra orilla/envuelta en un nube de misterio/allí mis tíos eran de colores/aquí sencillamente en blanco y negro/[...]Aún continúa el flujo a la otra orilla/en vuelos regulares y balseros/y sé que volverán sin amnistía/porque necesitamos su dinero." (Delgado 2000)

Die „kalte Zensur" solcher offen politischer Inhalte durch das Verweigern von Sendeplätzen in Fernsehen oder Radio fand auch nach dem Jahr 2000 weiter statt, verlor aber in dem Maße an Wirkungskraft wie kulturelle Institutionen eine eigenständige Politik entwickelten und kritischen Künstlern einen Raum boten. Hinzu kommen die Veränderungen des politischen Diskurses, der das Selbstbewusstsein von Künstlern gegen staatliche Institutionen gestärkt hat. Als das Pop-Duo Buena Fe ein Konzert mit Frank Delgado in Theater Mella gegeben wollte und Delgados Auftritt abgesagt wurde, trug die Hauptband seine Lieder selbst vor (Rojas 2011: Interview). Solche Veränderungen im Rollenverhalten zwischen Künstlern und staatlichen Institutionen zeigen sich inzwischen in mehreren Bereichen.

III.2.2 Hip-Hop

Die kubanische Hip-Hop-Musik ist eines der jüngsten Genres, zugleich aber eine der am stärksten an Popularität gewinnenden Bewegungen. Im Falle Kubas sind bei dem seit Beginn der neunziger Jahre in Erscheinung tretenden Genre deutliche Parallelen zu dem Ursprungsland USA auszumachen. Auch bei der kubanischen Variante trifft das Urteil zu, dass der Hip-Hop mit seinem Sprechgesang, dem Rap, „musikalische, linguistische und choreografische Instrumentarien bietet, um sich mit alltäglichen Problemen wie Armut, Exklusion und Diskriminierung auseinanderzusetzen und sie zu kritisieren" (Tickner 2006: 97). Kuba wurde mit der Annahme des Genres Teil dessen, was die US-puertoricanische Soziologin Raquel Z. Rivera als *zona hip-hop* bezeichnet: einen transnationalen Raum mit einer erkennbar homogenisierten Symbolik.

Seinen Ursprung hat der Hip-Hop in den siebziger Jahren in Armenvierteln US-amerikanischer Großstädte. Weil die Mitglieder gesellschaftlich marginalisierter Immigrantengruppen und/oder ethnischer Minderheiten keinen Zugang zum kulturellen Leben hatten, organisierte man sogenannte block parties, Feiern in privaten Räumen. In diesem Ambiente entwickelte sich der Hip-Hop, dessen Vertreter durch ihre Position in der US-amerikanischen Gesellschaft – Immigranten, Sans-Papiers42 – von vornherein stark in transnationale Netzwerke eingebunden waren. Auch in Kuba waren vor allem die repartos, die außerhalb von Havanna liegenden Wohnbezirke wie Alamar, Keimzellen des Hip-Hops, was eine sozialgeografische Parallele aufzeigt. Tickner u.a. merken bei der Betrachtung von Genese und Verbreitung des kubanischen Hip-Hops an, dass das Genre im Westen, vor allem in Havanna, stärker vertreten ist, als in dem afrokubanisch geprägten Osten. Erklärt wird dies durch die Konzentration des Tourismus in der Hauptstadt und die geografische Nähe zu den USA. Mit selbstgebauten Antennen war es möglich, US-amerikanische Programme zu empfangen, darunter auch die international renommierte Musiksendung Soul Train, die zwischen 1971 und 2006 ausgestrahlt wurde (Fernández Díaz 2001). Die Sendungen und entsprechenden Radioprogramme aus den USA wurden auf Tonkassetten mitgeschnitten und fanden so weitere Verbreitung. Dieser Trend war in Kuba – wohl auch durch die kulturelle Nähe zu den USA – stets stärker ausgeprägt als in Mexiko oder Kolumbien, wie Tickner im direkten Vergleich der Hip-Hop- und Rap-Bewegungen der Staaten nachweist. In Kuba entwickelte sich das Genre indes binnen weniger Jahre zu einem Medium subalterner Stimmen.

Das Erleben von Marginalisierung sowie gesellschaftlicher Exklusion ist auch im kubanischen Hip-Hop ein tragendes Motiv und gewinnt in dem Maße an Bedeutung, wie die sozialen Differenzen im Zuge und in Folge der Wirtschaftkrise nach 1991 zunehmen:

> Si tu bare bare/Cayo Hueso Si tu bare/Se levantó bien temprano, y voló con mala fama/Lleva su arma escondida, preparado a la pelea/Sin pensar con quien ni donde/Sin saber donde se esconde/Cosas de la vida/Calle sin salida (Orishas 2000)

Während es sich bei dieser Band um ein stark kommerzialisiertes Produkt handelt – Orishas ging Ende der neunziger Jahre bei dem transnationalen Musikkonzern EMI unter Vertrag – wird der Ursprung des recht jungen kubanischen Hip-Hops in der vom staatlichen Diskurs lange kaschierten Subalternität bei national, genauer: lokal agierenden Gruppen deutlicher. So greift die Gruppe Insurrecto das Thema der sozialen Identität auf:

---

42 Der französische Terminus Sans-Papiers ersetzt hier vorsätzlich die im deutschen Sprachraum übliche diffamierende Bezeichnung der „Illegalen".

Así que, mamá, yo quiero saber de dónde son los cantantes/yo te diré de donde somos/en primera, no somos cantantes/somos aficionados, no tenemos un nivel cultural artístico/[...] pocos aquí/te saben entonar do re mi fa so la si.43

Da sich der Popularitätsgewinn des kubanischen Hip-Hops parallel zu der wirtschaftlichen Krise der neunziger Jahre vollzog, rückten Erscheinungen der sozialen Krise wie Gewalt und Prostitution rasch in den Fokus der Vertreter dieses Genres, zumal die negative Seite des gesellschaftlichen Wandels in den subalternen Sphären stärker zu spüren war. Es ist daher nicht verwunderlich, afrokubanische Akteure überproportional vertreten sind. Aber auch Frauen sind im neuen kubanischen Hip-Hop vertreten. Ein Beispiel ist das Stück *La llaman puta* der Gruppe *Obsesión*. Interpretiert wird der Text von *MC Magia López* aus einer doppelten Subalternität heraus: als Frau und Afrokubanerin:

Para todos no es más que una mujerzuela/disfrutando el hecho de ser bonita/loca, carne que invita, que excita, provoca/menudo oficio el que le toca./[…] La llaman puta/La sociedad no lo refuta/Prostituta: Quien se revuelca por dinero (eso que no se discuta)/Todos los días la misma ruta con el miedo recogido entre las piernas/Cada hombre es una prueba de amor a su familia.

Abreu (2010a: 4) charakterisiert Hip-Hop also einen der „kulturellen Ausdrücke mit postnationalem und posttraditionellen Charakter". Im Fall dieser Strömung würden lokale Akteure – wie auch bei dem angeführten Beispiel des Kunstkollektivs OMNI ZONA FRANCA – soziale Modelle und Ideen der globalen Ebene mit ihren ikonografischen und symbolischen Registern und Kodices (re-)fusionieren, wodurch sie ihr Handeln von der nationalen auf die transnationale Ebene verlagern. Abreu schreibt:

En los niveles del lenguaje esta refuncionalización participa de un proceso semiótico que incorpora tanto la crítica, el rechazo o resistencia, como la negociación y apropiación creativa. (ibd.)

Bei diesem Prozess handelt es sich nach übereinstimmender Meinung in der Forschergemeinde weniger um eine bewusste Loslösung von dominierenden staatlichen Diskursen, sondern um eine neue Konkurrenz differierender Wertesysteme im neu geordneten Koordinatensystem zwischen Zentrum und Peripherie. Das Selbstbewusstsein marginalisierter Akteure basiert demnach auf Werten, die in sozialen Sphären wie Familie, Gemeinde oder religiöser Gemeinschaft überdauert haben, denn, so Franco (1997), „die Erzählung der Aufklärung verliert in Orten ihre Funktionalität, in die sie nie vorgedrungen ist". In dieser Situation der Parallelexistenz bietet der

---

43 Zitiert nach Exner et al. 2003: 49.

Hip-Hop ein eigenes System linguistischer, ästhetischer und weiterer Kodices, die dem Subalternen eine Stimme zu verleihen helfen. Zurbano (2004: 9) schreibt:

> Es decir, son culturas con códigos supuestamente cerrados. Si la santería se concentra en sus formas rituales religiosas para expandir todo su universo, el mundo del hip hop se concentra en una poética del barrio, solo compartida por sus iguales, de manera que sus vestimentas, saludos, sobrenombres, hablas, gestualidades, aceptaciones y otros códigos nacen en una particular situación cultural; ese barrio, periférico o no, donde se están expresando nuevos cambios en la identidad urbana y en los sujetos que allí residen.

Der Hip-Hip ist in Kuba demnach auch ein Transmitter für Ethnolekte und Multiethnolekte wie sie zum Zeitpunkt des Entstehens dieser Arbeit anhand des sogenannten Kiezdeutsches auch in Deutschland diskutiert wurden (vgl. Koldehoff 2012). Das Aufkommen der innovativen Sprach- und Verhaltensnormen freilich stößt hier wie da auf Ablehnung durch die politischen und universitären Eliten.

Auf der anderen Seite ist der Hip-Hop in Kuba thematisch, aber auch linguistisch ein Aufbegehren gegen dominante Diskurse aus der Subalternität heraus. Mit dem bewussten Bruch der normativen Sprache stellen sich die Akteure außerhalb eines linguistischen Dominanz- und Disziplinierungssystems, in dem, wer nicht „gut" spricht, also die kastilische Sprache beherrscht, ausgeschlossen bleibt. Brandist (2005: 105 ff.) beschreibt unter Rückgriff auf Gramsci und Bachtin, wie Sprache über Fragen wie *¿Qué quiere decir?*, *¿Qué quisiste decir?* und Aufforderungen wie *¡Habla claramente!* disziplinierend wirkt.

Anders als dies wohl noch wenige Jahre zuvor der Fall gewesen wäre reagierten die kubanischen Kulturinstitutionen auf das neue Phänomen aber mit einer Strategie der Umarmung, eines Wandels durch Annäherung. Spätestens mit der Gründung der Agencia Cubana de Rap im Jahr 2002 wurde diese Politik institutionalisiert. Das Vorgehen steht durchaus im Einklang mit der Politik der Vorjahre: 1994 fand in Havanna erstmals ein Hip-Hop-Festival statt, seit 1997 wird die Veranstaltung von der staatlichen *Asociación Hermanos Saíz* (AHS) organisiert. Ein Jahr später erklärte der damalige Kultusminister Abel Prieto den Hip-Hop zum „authentischen Ausdruck der Kubanität" (Avila González 2000: 25). Mit der Institutionalisierung wuchs auch das internationale Interesse an dem neuen Genre aus Kuba. Gruppen aus den USA nahmen an den Festivals teil und lenkten das Interesse der US-amerikanischen Presse auf die Bewegung, die medial als Sprachrohr afrokubanischer Interessen dargestellt wurde. Durch die Kontrolle der Programme hatten die Kulturorganisationen damit einen nicht unerheblichen Einfluss auf die politischen Diskurse der Raps und das Erscheinungsbild Kubas (Wunderlich 2001).

Auch wenn bei den von der AHS organisierten Events durchaus kritische Töne zu vernehmen sind, hat sich neben dieser staatlich geförderten und gelenkten Szene eine unabhängige Hip-Hop-Bewegung etabliert, die ein gespanntes Verhältnis zu den staatlichen Institutionen pflegt – und das auch thematisiert:

> Contrarrevolucionario/ese es el nombre que me han dado dado/por ver, oír pensar y no quedarme callado.

Die Hip-Hop-Formation *Los Aldeanos*, von der dieser Text stammt, bekommt oft nur schwer Zugang zur offiziellen Infrastruktur gewährt. Durch die gute internationale Anbindung in die USA sowie nach Europa und Südamerika können diese Band und andere unabhängige Gruppen dennoch ihre Arbeit aufrechterhalten und Konzerte geben. Die weitgehende Medienblockade gegen sie wird durch informelle Netzwerke neutralisiert, über die Musik, Informationen und Konzerttermine ausgetauscht werden.

III.2.3 Rock/Pop/andere Genres

Die kubanische Rockmusik war in ihrer frühen Entstehungsgeschichte durch die engen Bezüge zu den USA am stärksten von den Zäsuren in der Kulturpolitik betroffen. Dabei war die kubanische Musikszene Ende der fünfziger Jahre integraler Bestandteil translokaler Netzwerke, vor allem zwischen Havanna und New York sowie Miami. Schon in den vierziger Jahren hatten Chano Pozo und andere Pioniere zwischen Havanna und New York die Grundsteine des Latin-Jazz gelegt, auf die dabei entstandenen Netzwerke bauten spätere Entwicklungen auf. So bestand Ende der fünfziger und Anfang der sechziger Jahre eine vitale Rock'n'Roll-Szene. Bands wie die Hot Rockers oder *Los Llópis* spezialisierten sich mit einem recht kommerziellen Ansatz darauf, US-amerikanische Hits auf Spanisch neu einzuspielen. Angesichts der starken Ablehnung angloamerikanische Kultureinflüsse durch die offizielle Kulturpolitik lösten sich viele Bands im Laufe der sechziger Jahre auf. Neben Vorwürfen der *desviación ideológica* gegen Anhänger wurde die Musik schlichtweg nicht mehr in den staatlichen Medien gespielt (Roma 2008). Eine Ausnahme stellt indes die 1961 gegründete Combo *Los Zafiros* dar, die mit einer Art kubanischen *Doo Wop* anhaltende Erfolge feierte (Giro 2007: 298).

Nach der repressiven kulturpolitischen Phase der siebziger Jahre kam es gegen Ende jenes Jahrzehnts und im Verlauf der achtziger Jahre wieder zu einem Erstarken einer ausdifferenzierten Rockbewegung. Roma u.a.

merken an, dass diese Entwicklung direkt auf die Arbeit der GESI (vgl. III.2) zurückgeht, in deren Rahmen Jazz als *música moderna* auch während des Grauen Jahrfünfts weiter praktiziert wurde. Eine der ersten Rock-Gruppen, *Síntesis*, begann mit einer Mischung aus Jazz- und Rockelementen unter Verwendung von Yoruba-Gesängen. Die Band Gens nahm zunächst Rock-Versionen von Werken des Liedermachers Silvio Rodríguez auf. Auf Initiative von Vertretern des Genres wurde 1987 in der *Casa de Cultura* des Stadtteils *Vedado* von Havanna mit dem *Patio de María* ein fester Veranstaltungsort und Treffpunkt der Rockszene eingerichtet, der bis 2003 bestand. Parallel dazu nahm sich – wie später auch im Fall des Hip-Hops – die Kulturorganisation AHS des Genres an. Neben einem jährlichen Festival in Havanna werden seither entsprechende Events auch in anderen Landesteilen veranstaltet. Anders als der Hip-Hop ist der kubanische Rock damit nicht auf die Hauptstadt beschränkt, sondern findet sich in allen Teilen des Landes. Dies äußert sich auch in rund einem Dutzend regelmäßig erscheinender Fanzines, also Fan-Magazinen, die auf eigene Initiative und mit eigenen Mitteln herausgegeben werden.

Konflikte mit staatlichen Organisationen drehen sich vor allem um die Frage, inwieweit der kubanische Rock gefördert werden soll. Das staatliche Label EGREM hat zwar nach 2000 mehrere Alben veröffentlicht, unter anderem von den Band *Tendencia*, *Hipnosis* und *Anima Mundi*, dennoch verlagerte sich die Produktion zunehmend ins Ausland.

Wie im Fall des Hip-Hops wurden neu gegründete, staatliche Kulturinstitutionen oft von Künstlern selbst mit dem Anspruch geleitet, eine Widerholung der historischen Erfahrung von Differenzen zwischen Künstlern und Funktionären zu vermeiden. Ein Beispiel ist der Bassist der Black-Metal-Band Ancestor, Joel Salazar, der das Kulturzentrum *La Madiguera* in Havanna leitet. Dabei handelt es sich um eine der *Casas del Joven Creador*, die von der AHS im Land unterhalten werden. Nach Salazars Angaben ist vor allem seit den neunziger Jahren eine Öffnung zur Rock-Bewegung zu erkennen:

> Alrededor de los 90 hubo una apertura hacia el rock y se vio a la AHS como la organización que era capaz de canalizarlo a través de un espacio. (Sánchez 2011)

Salazar verweist auf die Rolle der in den vergangenen Jahren gewachsenen Institutionen bei der Entwicklung und dem Popularitätsgewinn der kubanischen Rockbewegung. Während die AHS in erster Linie einen „institutionellen Rahmen" für die Vertreter des Genres biete und organisatorische Aufgaben wahrnehme, zeichne die 2007 gegründete Agencia Cubana de Rock für die Förderung junger Band verantwortlich. Ebenso wie die *Agencia Cubana del Rap* untersteht die Rock-Agentur dem *Instituto Cubano de la Música* (ICM), dem Kubanischen Musikinstitut. In beiden Fällen können Bands sich registrieren lassen, um in einen Katalog aufgenommen zu werden. Diese Art der Kulturförderung versucht augenscheinlich, Konflikte zwischen Vertretern neuer musikalischer Bewegungen und dem staatlichen Politdiskurs von vornherein zu vermeiden. Dies geschieht über ein latent wirkendes System der Konditionierung in Verbindung mit Förderangeboten: Kurz gesagt: Die Kulturpolitik funktioniert in dem hier behandelten Bereich mit weniger Peitsche und mehr Zuckerbrot.

Es gibt, wie erwähnt, auch Bands, die bewusst mit diesem System brechen. Die Punkrock-Gruppe Porno para Ricardo nutzt den Konflikt mit den sozialistischen Institutionen des Landes als Teil der Eigeninszenierung. Dazu gehören Titel wie *Joder a un comunista* oder *Soy porno, soy popular* – eine Anspielung auf den Werbespruch der Zigarettenmarke Popular (*Soy cubano, soy popular*). Die Gruppe um Bandleader Gorki Águila lebt weiterhin in Kuba, Auftritte finden – trotz Fangemeinde - jedoch nicht mehr im offiziellen Rahmen statt.

Neben der Rockbewegung haben sich in Kuba seit Beginn der neunziger Jahre Bands etabliert, die Einflüsse verschiedener Genres vereinen. Wie bei der Mehrzahl der Gruppen spielen neben der musikalischen Komponente die Texte eine zentrale Rolle. Auch im begonnenen 21. Jahrhundert wird in Kuba über Musik Politik gemacht. Dabei ist gleichwohl eine Öffnung des Diskurses zu beobachten. Genreübergreifend bildet die zeitgenössische Musik damit ein Instrument, um in die politische Debatte einzugreifen. Ein Beispiel ist das Duo Buena Fe, das in der Tradition der Nueva Trova steht, zugleich aber Pop- und Rock-Stile einarbeitet. In dem Stück *Sospecha* (Buena Fe 2011) heißt es:

> La sospecha corroe la cabeza mi gente/pero que no nos coma el corazón/por tantos años de tirar pa'l frente/entre bloqueos y mala administración.

Auf dem gleichen Album findet sich das Lied *Miedos*, in dem unter anderem doppelte Diskurse thematisiert und kritisiert werden. In dem Songtext heißt es unter anderem:

> Hay quien teme y habla mal de la codicia ilegal/y trafica más mocos que un pañuelo de hospital/Hay quien se atemoriza cuando entra en su cerebro/la información de su hija va a casarse con un negro.

Eine inhaltliche oder gar politische Differenzierung zwischen solchen Texten und jenen einer Gruppe wie Los Aldeanos (vgl. III.2.3) sind kaum auszumachen und bestehen, soweit definierbar, in der grundsätzlichen Haltung zum politischen System, nicht in der Kritik an gesellschaftlichen Missständen. Bei *Los Aldeanos* betrifft das Textstellen wie:

> Mi Habana repartera, miqui, retro, loca/que siente odio por las leyes que en el podio colocan/enemiga del imperialismo y de la explotación/la que paga con Camilo y te cobra con Washington44.

Für den Untersuchungszeitraum lassen sich also eine Offenheit gegenüber der ästhetischen Entwicklung der Musik und eine Akzeptanz von Gesellschaftskritik erkennen. Selbst Salsa-Bands wie *Charanga Habanera* greifen in ihren Texten soziale Probleme der vergangenen Jahre auf. Die „rote Linie" zeigt sich indes – wie bei Porno para Ricardo oder Los Aldeanos – im Fall einer offenen systemoppositionellen Haltung.

III.3 Literatur und Essayisten

Die literarische Szene hat in Kuba seit Beginn der neunziger Jahre mehrere Wandlungs- und Neuerungsprozesse erlebt, die auf interne wie externe Faktoren zurückzuführen sind. Zum einen drängten – wie auch im Bereich der Musik – die Erfahrungen der Gesellschaftskrise in den Vordergrund, was die Rolle subalterner Akteure begünstigte. Afrokubanische Stimmen, im literarischen Feld und in der Wissenschaft als Estudios Afrocubanos/Afrocuban Studies, fanden ebenso stärkere Beachtung wie feministische Literatur.

Zugleich wirkte sich die Anbindung des kubanischen Literaturbetriebes an den globalen Kulturmarkt auf die Art der Werke aus. Das Phänomen der ästhetischen Assimilation ist im Untersuchungszeitraum anhand kommerzieller Produkte wie den *Orishas* oder *Buena Vista Social Club* in erster Linie in der Musik zu beobachten, wirkt aber auch im literarischen Feld. Werke wie die der „Pionierin internationalen Erfolges" (Geuder 2001) Zoé Valdés sind ästhetisch deutlich an europäische Lesegewohnheiten angepasst. Ein Grund dafür sei, dass „die meisten ausländischen Verlage nur nach erfolgversprechender, marktgerechter Literatur suchen", was einer Literatur mit „exotischen, klischeebehafteten Kubavorstellungen der europäischen oder US-amerikanischen Leser" Vorschub leistet (ibd.). In dieselbe Sparte marktkonformer Auftragsarbeiten kann auch Havanna Blues von Daína Chaviano eingeordnet werden. Der Autor Abilio Estévez forderte daher bereits 1999 in einem Artikel für die spanische Tageszeitung El País ein:

> Debe llegar el tiempo en que se olviden de nosotros. El tiempo en que vayamos por el mundo sin el falso estigma ni la falsa bienaventuranza de ser cubanos. El

---

44 Das Bildnis von Camilo Cienfuegos ist auf der Vorderseite des kubanischen 20-Peso-Scheins zu sehen, während Washington die Ein-US-Dollar-Note ziert.

tiempo en que no se espere que seamos endemoniados o maravillosos. En que el interés de los otros no nos obligue a que seamos sólo para ellos. (Estévez 1999)

Essayisten wie Abreu (2012c: 11) verwiesen darauf, wie parallel zu dieser Entwicklung im literarischen Feld auch in der Wissenschaft eine Angleichung an globale Vorgaben stattfindet. Dieser Trend betreffe freilich nicht nur Kuba, sondern den gesamten lateinamerikanischen Raum, in dem die regionale Tradition des Essay-Genres im Rahmen der erstarkenden Kulturstudien (*Estudios Culturales*) und der Kulturkritik (*Crítica Cultural*) als Instrument in den „*procesos de configuración de la ciudad letrada y de nuestra modernidad*" an Boden verliere (vgl. u.a. Achurar 1998).

Die Wirkung der Globalisierung und der Marktkräfte auf den Kulturbetrieb des Landes und damit auch auf die politische Sphäre war dementsprechend die gesamten neunziger Jahre über Gegenstand innerkubanischer Debatten. Heredia (2005: 95 ff.) wies in einem Beitrag für die Zeitschrift La Gaceta de Cuba 1998 auf die Fähigkeiten des kapitalistischen Kulturbetriebes hin, konträre Tendenzen und Projekte „zu integrieren oder zu neutralisieren". Gerade Kuba sei für eine solche Entwicklung anfällig, schrieb der Essayist, weil das Land zum einen eine massive Öffnung erfahren habe und zu anderen die Wirtschaftskrise mit der politischen Krise Anfang der Neunziger eingegangen sei.

Heredia und andere Autoren setzten sich eingehend mit den Prozessen und möglichen Entwicklungen auseinander. Der Autor beobachtete gegen Ende der neunziger Jahre rückblickend auf die Zeit seit 1990 „ein[en] Reichtum an Mobilitäten und Rückkehr, Aufstiegen und Verlusten, Fortdauer und Wechseln, in denen das Wort Nation seine Präsenz multipliziert hat". Die stärkere Gewichtung des nationalistischen Diskurses stellt Heredia in die Tradition der Kubanischen Revolution 1959, die sich als „sozialistische Revolution der nationalen Befreiung" definierte, also Sozialismus und Nation vereinte. Zugleich problematisiert der Autor die Entwicklung der neunziger Jahre, denn „eine der vorrangigen Funktionen der Nation ist es, die Klassen zu kaschieren".

Mit Verweis auf die kritische Retrospektive der Kulturpolitik der sechziger und siebziger Jahre wendet sich Heredia mit seiner Kritik der Repression zugleich gegen die Gleichsetzung von Bürokratismus und Autokratismus mit der sozialistischen Ideologie:

> En ese tiempo marcharon juntos el consenso de la mayoría [...] y la ideología del régimen burocratizado, autoritaria e invasora [...] Es triste escuchar a muchos calificar erróneamente de ‚izquierda' a las posiciones dogmáticas trasno-

chadas, al autoritarismo, a los discursos de aquella ideología, o a la simple estupidez. (ibd.)

Heredia drängt in diesem Zusammenhang auf eine kritische Revision der Geschichte und eine Neubegründung des sozialistischen Diskurses unter Beteiligung der Zivilgesellschaft. Eine reine Orientierung auf die Nation „kann der Konsolidierung kapitalistischer Beziehungen dienen, die nach und nach die sozialistische Transition ersetzen", so Heredia. Er problematisierte damit eine mögliche Entwicklung, die Javier Corrales vom US-amerikanischen Amherst College 2004 als kapitalistische Restauration unter Kontrolle der bürokratischen Eliten in einem gatekeeper state skizzierte.

Paradoxerweise traf die Thematisierung der sozialen Probleme nach Beginn der Spezialperiode in der Schriftstellergemeinde Kubas selbst rasch auf Ablehnung. Der Krisenrealismus der neunziger Jahre habe, so urteilt nicht nur die kubanische Journalistin und Autorin Helen Hernández Hormilla (2011: 125), einer literatura callejera Vorschub geleistet, die mit ihrer Modeästhetik und immer grotesqueren Schilderungen des kubanischen Alltags vor allem internationalen Verlagen und Lesern gerecht werden wollte. Hernández Hormilla verweist dem entgegen auf die international weit weniger beachtete experimentelle junge Literatur und die Hinwendung zum subalternen Subjekt. Schon vor Beginn der Krise (und des hier zugrunde liegenden Untersuchungszeitraumes), jedoch inmitten der sich andeutenden Neuorientierung des kubanischen Staates und seiner Gesellschaft, erschien bereits 1988 der Roman Adoleciendo der jungen kubanisch-russischen Autorin Verónica Pérez Konina als Pionierwerk der Friqui-Bewegung, einer jugendlichen Subkultur mit Versatzstücken der Heavy-Metal-Szene. Die Revolution, die Nation, das Vaterland kamen in dem narrativen Kosmos dieser Autorin nicht vor.

Die folgende Krise dann rückte vor allem das Schicksal der Kubanerinnen in den Fokus. Hernández Hormilla stellt bei ihrer Untersuchung der Frauenliteratur zu Recht fest, dass die Frauenpolitik in den sechziger und siebziger Jahren zwar Gegenstand heftiger politischer Kontroversen in Kuba war, die sich jedoch kaum im literarischen Feld spiegelten. Nicht so in den neunziger Jahren. In der von Salvador Redonet (1993) veröffentlichten Anthologie Los últimos serán los primeros kommen bereits sechs Autorinnen vor: Ena Lucía Portela, Verónica Pérez Konina, Karina Mendoza, Elvira García, Rita Martín und Elena María Palacio. 1996 dann stellen Mirta Yáñez und Marilyn Bobes eine Anthologie nur mit Schriftstellerinnen zusammen: Estatuas de sal habe, so schreibt Hernández Hormilla, viele Autorinnen zum weiteren Schreiben motiviert45. Neben dem Schicksal von Frauen widmet sich die Literatur verstärkt auch afrokubanischen Realitäten, die sexuelle Selbstbestimmung wird indes zu einem zunehmend tragenden Motiv. Auf Roberto Urías Homosexuellenroman ¿Por qué llora Leslie Caron? (1988) folgen Erzählungen mit lesbischen Protagonisten (von Ana Lidia Vega, Ena Lucía Portela, Mariela Varona).

Jorge Fornet zieht 2007 (137 f.) eine erste Bilanz der literarischen Entwicklung jener Jahre, indem er sie in zwei Bewegungen unterteilt: „Auf der einen Seite ein Diskurs, der die Idee der Krise bis aufs Äußerste ausreizt; zum anderen ein Diskurs, der den Niedergang dieses literarischen Modells offenbart, seine Erschöpfung beschreibt und aus dieser Erkenntnis heraus einen anderen Weg zu beschreiten vorzieht."

---

45 2005 erscheint auch ein Verzeichnis von „Mujeres notables en la música cubana" (Valdéz 2005).

IV. Chronist und Akteur des Wandels: Leonardo Padura

Wie kaum andere Literaten hat der Journalist, Essayist und Romanschriftsteller Leonardo Padura den gesellschaftlichen Wandel in Kuba seit den geopolitischen Umbrüchen 1989/90 zum Thema seines Werks gemacht. Die Sekundärliteratur bezeichnet den 1955 in Havanna geborenen Padura wiederholt als „Chronisten des Wandels" in Kuba, gemeint sind die vielschichtigen Reformprozesse während des hier zugrunde liegenden Untersuchungszeitraums. Dieser letzte Teil der Arbeit geht daher im Rahmen einer literaturwissenschaftlichen Betrachtung auf das schriftstellerische sowie journalistische Werk ein und stellt es in den gesellschaftlichen Kontext.

Zweifelsohne stehen in der wissenschaftlichen Debatte über Leonardo Paduras Arbeit die seit Ende der achtziger Jahre erschienenen Romane im Vordergrund, so auch auf den folgenden Seiten. Daneben aber gibt es den „unbekannten Padura": einen engagierten Interviewpartner, Autoren politischer und wissenschaftlicher Essays sowie gesellschaftskritischer Kolumnen. Auf dieses Wirken wird ebenso eingegangen, weil es zum Verständnis des Gesamtwerks unabdingbar ist.

Wenn der Protagonist seiner Romane, Mario Conde, zu Beginn von „Der Nebel von gestern" (Padura 2008) an den alten Mann denkt, der ihn kurz zuvor um zwei Peso gebeten hat, gleicht dieses Motiv den Sozialreportagen Paduras. Der literarische Kontext freilich bietet Padura die Möglichkeit, Fragen über die gesellschaftliche Realität Kuba offener zu stellen, bzw. von den Charakteren stellen zu lassen. *¿Qué nos pasó?*, fragt sich Conde: *¿Por qué hay tanta gente jodida?* Paduras Roman wird hier zur literarischen Sozialstudie, denn:

> Siempre entendí mi ejercicio como escritor como un diálogo con la realidad. (Padura, zitiert nach Acosta 2011)

Der Schritt von der journalistischen in die literarische Welt war bewusst gewählt. Zwar könne die Literatur nicht den Journalismus ersetzen, sagte der ehemalige Feuilleton-Redakteur der Tageszeitung Juventud Rebelde, der Kulturzeitung *El Caimán Barbudo* und einstige Chefredakteur der Kulturzeitschrift *Gaceta de Cuba*, dennoch habe der zeitgenössische kubanische Roman die Rolle eingenommen, „die der Journalismus verlassen hat oder nicht mehr zu erfüllen fähig war" (ibd.). Wer künftig die Geschichte Kubas der neunziger Jahre verstehen wolle, werde eine sehr viel genauere Schilderung der kubanischen Realität in der Literatur als im Journalismus jener Jahre finden" (ibd.).

IV.1 Werk und Wirken

Bereits in der ersten Hälfte der achtziger Jahre hatte Padura – parallel zu seiner journalistischen Arbeit – mit der Vorbereitung seines ersten, 1988 erschienenen Romans *Fiebre de Caballos* begonnen, stilistisch und thematisch das Präludium zu der wenige Jahre später entstehenden Viererfolge von Kriminalromanen. Diese Tetralogie, das Havanna-Quartett, mit dem Kriminalpolizisten Mario Conde verhalf Padura auch auf internationaler Ebene zum Durchbruch, verlegt wird er seither von dem spanischen Verlag Tusquets. Zwischen seinem ersten Roman und dem Havanna-Quartett ist ein deutlicher qualitativer Sprung zu verzeichnen, der nachvollziehbar ist: Vor der Arbeit am ersten Band der Krimiserie widmete sich Padura sechs Jahre lang Reportagen und Recherchen über die gesellschaftliche Realität in Kuba. Die zwischen 1991 und 1998 zunächst im spanischen Ausland erschienenen vier Krimibände – die cuatro estaciones – tragen daher viel stärker als das Erstlingswerk Fiebre de Caballos den Charakter von Sozialromanen. Inzwischen hat Padura der Figur Conde drei weitere Romane gewidmet.

Dieser literarischen und politischen Entwicklung entsprechend widmet sich der Autor in seinen jüngeren Werken neuen Thematiken, die über die reine Portraitierung der gesellschaftlichen Krise hinausgehen. In La novela de mi vida (Padura 2002) kehrt der Exilant Fernando Terry nach vielen Jahren nach Kuba zurück, um ein bislang unbekanntes Werk von José María Heredia (1803-1839)[46] zu suchen. Seine Intention sei gewesen, so Padura später, die Person und das Werk des Poeten Heredia aus der heutigen Sicht zu betrachten. In dem 2009 erschienenen Historienroman El hombre que amaba a los perros portraitiert Padura mit historiografischer Genauigkeit das Leben von Ramón Mercader, dem Mörder des sowjetischen Revolutionärs Leo Trotzki.

Im Zentrum des Werks von Padura, dem „am meisten gelesenen Autoren in Kuba" (Acosta 2005), steht trotz der Tendenz zum Historienroman die Betrachtung der jüngeren gesellschaftlichen Entwicklung. Ein wiederkehrendes und zu erheblichen Teilen autobiografisches Motiv ist das des *cansancio histórico* der nach der Revolution Geborenen. Diese Ermüdung einer Generation gegenüber politischen Appellen und Heroisierungen leiten die Romane Paduras vor allem aus dem Gegensatz zwischen dem politisch-sozialen Anspruch „der Revolution" und der gesellschaftlichen Realität der

---

[46] Nicht zu verwechseln mit José-Maria de Heredia de Girard, der 1842 zwar in Kuba geboren wurde, den Großteil seines Lebens aber in Frankreich verbrachte.

neunziger Jahre ab. Die Ermüdung äußert sich in der „Macht des Geldes über die in Jahrzehnten dominierenden menschlichen Werte und (in) dem Gefühl einer Jugend, die nicht so sein möchte wie ihre Eltern." (ibd.).

Ricardo Castells (2000: 21 ff.) sieht Padura vor diesem Hintergrund als Beispiel für die Neuausrichtung kubanischer Schriftsteller Ende der achtziger Jahre. Der Hispanist an der Florida International University verweist darauf, dass der Autor sich schon früh auch als Kritiker des Krimigenres in Kuba profiliert hat. So schrieb Padura bereits 1981 in einem Aufsatz der Kulturzeitschrift El Caimán Barbudo:

> Muchos son los hallazgos develados por este género entre nosotros [...] (pero) múltiples [...] han sido los desatinos de la joven novela policial cubana [...] (que) bien podría ser resumidos bajo un solo título: la impericia literaria de la mayor parte de sus cultores (Padura 1981, zitiert nach Castells 2000: 30)

Nach solchen kritischen Einwürfen brach Padura mit dem ersten Teil der Tetralogie Anfang der neunziger Jahre auch literarisch mit den bis dahin bestehenden Paradigmata des Genres. Dieser Schritt brachte ihm zwar gleichermaßen in Kuba wie im Ausland Anerkennung ein, blieb im politisierten Kulturapparat Kubas aber nicht ohne Widerspruch. 1994 schilderte Padura die Kontroversen in einem Interview:

> (Los) elementos de ruptura resultaron tan evidentes que al enviar la novela al concurso del Ministerio del Interior en 1991, supimos que el jurado le había otorgado el premio, pero al día de la premiación se leyó una acta donde el premio se declaraba desierto. Para los organizadores del concurso no cumplía las expectativas ideológicas en uso. La publiqué en México (1991) y han circulado en Cuba algunos ejemplares que yo he podido llevar. (Epple 1995: 57)

Die Bewertung dieser Konflikte in der Sekundärliteratur ist keineswegs einheitlich. Während die Kritik am Umgang mit seinen gesellschaftskritischen Romanen zunächst nur außerhalb Kubas erschien – wie auch die Bücher selbst –, ist eine differenzierte Auseinandersetzung mit den Geschehnissen leicht zeitversetzt auch in Kuba zu beobachten. Mehr noch: Padura etablierte sich mit der Publikation des ersten Teils des Havanna-Quartetts als kulturpolitischer Kommentator, der auch innerhalb Kubas stärker Gehör fand. Eine Folge war die zunehmende Popularität seiner Romane im Inland, was als Beleg für das erhebliche Ausmaß der gesellschaftlichen Transnationalität schon in der ersten Hälfte der neunziger Jahre gewertet werden kann. Von einem Scheitern des neuen kubanischen Kriminalromans, wie es Franzbach (2000: 75 f.) aufgrund der Erstpublikation im Ausland von Padura und anderen zeitgenössischen Krimiautoren konstatiert, kann daher keine Rede sein. Vielmehr entwickelte sich der kritisch-literarische Diskurs im neuen transnationalen und translokalen Raum in unterschiedlichen Tempi und nicht selten in widersprüchlicher Weise.

Ein Indiz dafür liefern die Essays und politischen Arbeiten Paduras, die noch parallel zu den Romanen seit Beginn der neunziger Jahre publiziert wurden. So erschien 1999 ein Interview des Autors mit dem mit ihm befreundeten Essayisten Antón Arrufat. In dem Gespräch, das nicht in Kuba, sondern in der mexikanischen Literaturzeitschrift Crítica erschien, thematisierte Padura die Erfahrungen seines Interviewpartners mit der repressiven Kulturpolitik der siebziger Jahre. Er behandelte damit ein Thema, das er im literarischen Kontext auch mit den Romanen der Tetralogie aufgreift. Das Gespräch mit Arrufat leitet Padura mit der Anerkennung der Repression gegen kritische Intellektuelle ein, denn:

> Antón salió derrotado, marcado por mil cicatrices, mas no vencido (Padura 1999: 47)

Auf den 24 Seiten des Gesprächs behandelt Padura die Freundschaft zwischen Arrufat und Virgilio Piñera47, die Affäre um Heberto Padilla, die Einstellung der Publikation der Literaturbeilage Lunes de Revolución48, die Marginalisierung Arrufats und anderer Intellektueller, die der offiziellen Kulturpolitiker kritisch gegenüberstanden, die Kulturpolitik der siebziger Jahre, die Frage von Zensur, Selbstzensur und Emigration. Die Themen Paduras und Arrufats gleichen auf frappante Weise den Eckpunkten der Debatte, die nach der Guerrita de los e-mails rund acht Jahre später geführt wurde. Dies kann durchaus als Hinweis dafür aufgefasst werden, dass sich der kritische Diskurs über die Entwicklung der kubanischen Kulturpolitik (und politischen Kultur) nach dem Sieg der Revolution 1959 über mehrere Jahre hinweg entwickelt hatte und 2007 nach einen katalytischen Ereignis Oberhand gewann. Zugleich zeigt das Interview Paduras mit Arrufat, wie diese Debatte aus dem transnationalen Raum heraus vorbereitet wurde und in diesem Zuge konkrete Positionen für die spätere Debatte in Kuba vorformulierte:

---

47 Arrufat war von seinem Freund Piñera als Testamentsvollstrecker eingesetzt worden.

48 Die Wochenbeilage der Tageszeitung Revolución erschien zwischen 1959 und 1961. Nach dem Sturz der Batista-Diktatur etablierte sich das Blatt als intellektuelles Debattenmedium mit einem hohen Maße an internationalen Kontakten. In Zuge der Verschärfung der außenpolitischen Konflikte und der damit einhergehenden Verengung der kulturpolitischen Freiheiten wurde die Beilage 1961 eingestellt. Die führenden Mitarbeiter Carlos Franqui und Guillermo Cabrera Infante emigrierten.

(Padura:) Visto desde la perspectiva de casi cuarenta años, ¿qué significa Lunes de Revolución en la historia cultural cubana de esos años?/ (Arrufat:) Ante todo, Lunes... se merece un estudio público que no se ha hecho, y además se merece y se le debe una rehabilitación. (Padura 1999: 58)

Während die Debatten über die notwendige Neuausrichtung der kubanischen Kulturpolitik zunächst außerhalb des Landes geführt wurden, und obgleich sie selbst von dort aus Einfluss auf die entsprechenden Diskurse in Kuba hatten, etablierte sich Padura in einem zunehmenden Maße auch im Land als (kultur-)politischer Akteur. Beispielhaft dafür ist ein Essay in der Zeitschrift Temas im Herbst 2009, mit dem er in die laufende Reformdebatte eingriff. In dem Heft, das sich unter dem Titel *Sobre capitalismo real y socialismo real* den wirtschaftlichen Veränderungen widmete, setzte sich Padura mit der Geschichte des kubanischen Verlagswesens und der Rolle von Autoren auseinander.

Zeitgleich mit der Kubanischen Revolution 1959 habe in Lateinamerika – vor allem in Mexiko und Argentinien – der Boom des bis dahin extrem unterentwickelten Verlagswesens eingesetzt, so Padura. Während wenige bekannte Autoren wie Alejo Carpentier oder José Lezama Lima von den privatwirtschaftlichen Strukturen profitierten, habe sich das Verlagswesen in Kuba grundsätzlich anders entwickelt. Losgelöst von den Gesetzen des Marktes seien Bücher zu kulturpolitischen und ideologischen Zwecken eingesetzt worden. Die Abkehr von kapitalistischen Prinzipien habe zugleich für Autoren erhebliche Auswirkungen gehabt. Indem sie keinen Tantiemen mehr erhielten, konnten sie in Kuba nicht mehr von der Autorentätigkeit leben, sondern waren von staatlichen Arbeitsplätzen lohnabhängig. In diesem Kontext habe es für sie keine Alternative zu den politischen Kriterien der Kulturinstitutionen auf der Insel gegeben. Padura sieht zwei Konsequenzen: Zum einen verschwanden die kubanischen Autoren weitgehend vom internationalen Markt. Zum anderen, schreibt Padura (2009: 105):

[...] durante años hubo temas, conflictos, personajes, ángulos de reflexión a los que nadie dedicó un pensamiento, mucho menos un párrafo. De este modo, la autocensura funcionó con mucha más eficiencia [...].

Nach Beginn der Krise der neunziger Jahre sei die lange währende politische Auswahl der Literatur unter dem Einfluss innerer und äußerer Faktoren nicht mehr haltbar gewesen. Zudem hatte sich schon in den achtziger Jahren Widerstand gegen die dominanten kulturpolitischen Paradigmata entwickelt. Nach 1990 nahm dieser Widerstand massiv zu. Vor diesem Hintergrund bezeichnet Padura die Erschließung des internationalen Marktes durch kubanische Autoren und die Öffnung des Landes gegenüber der gran diáspora als „zwei Charakteristika des kubanischen Kulturprozesses der vergangenen zwei Jahrzehnte". Vor allem die in diesem Ambiente entstandene neue kubanische Literatur, die in jenen Jahren im Ausland produziert wurde und über verschiedene Kanäle ihren Weg zurück nach Kuba fand, sei Basis einer *narrativa del desencanto*, „die in die Literatur Versatzstücke der düsteren Realität einwebt" (ibd.).

Einer von staatlichen Kulturfunktionären initiierten Debatte über eine Banalisierung der Literatur durch die neu wirkenden Mechanismen des kapitalistischen Marktes (Padura spricht von „einigen Kritikern, Funktionären und Autoren, die kein kommerzielles Interesse wecken") hält der Autor die Qualitätsentwicklung in den Vorjahren entgegen:

> Lo que muchas veces olvidan los críticos del mercado es que ese fenómeno existía de manera bastante similar en Cuba en las décadas de los 70 y 80, solo que el objeto de la banalización y el signo político pueden ser diferentes u opuestos (recuérdense la novela policial de ese período) [...]. (ibd.)

Padura kommt in dem Essay zu dem Schluss, dass die zunehmende Präsenz kubanischer Autoren auf dem internationalen Markt zur Steigerung der Qualität durch Konkurrenz beigetragen hat. Er setzte sich damit inmitten der laufenden Reformdebatte implizit für eine kontrollierte Restauration kapitalistischer Marktprinzipien auf kultureller Ebene in Kuba ein, denn:

> Uno de los (efectos) más notables fue la posibilidad de que algunos autores radicados en Cuba, gracias a sus derechos, pudieran dedicarse [...] de manera profesional a la escritura [...] otro fue [...] la consecuente presencia de varios autores cubanos en sellos editoriales [...] de la lengua española, al punto de que en la segunda mitad de la década incluso se habla de un nuevo boom de la novela cubana. (ibd.)

Solche kulturhistorischen und literaturwissenschaftlichen Einwürfe brachten Padura seit 1989/90 den Ruf „eines Theoretikers und Kenners der Literatur und, konkreter, des Krimigenres" ein (Martín Escribá/Sánchez Zapatero 2007: 53). Wiederholt weist die Sekundärliteratur auf die journalistische und essayistische Arbeit hin (Franken 2009: 32).

Weniger Beachtung erfuhren in diesem Zusammenhang indes die journalistischen Essays Paduras. Seit Mitte der neunziger Jahre erschienen diese Arbeiten in lockerer Folge bei der globalisierungskritischen Nachrichtenagentur Inter Press Service (IPS), die in Kuba ein Büro unterhält. Padura veröffentlichte seine kurzen Alltagsbeobachtungen damit in einem journalistischen Umfeld, das auch dem Uruguayer Eduardo Galeano oder dem US-amerikanischen Politanalytiker Jim Lobe Publikationsraum bot. Die Kolumnen, die bis zum April 2012 erschienen und mit einem Kurztext über den

Besuch des amtierenden Papstes Joseph Ratzinger alias „Benedikt XVI." endeten, sind durchaus wertvolle Quellen für ein Studium der jüngeren Geschichte Kubas und tragen zum Ruf Paduras als „Chronist des Wandels" bei.

Thematisch sind die Kolumnen Paduras breit gefächert; sie behandeln Themen von dem historiografischen Umgang mit Persönlichkeiten (2011: 11-15), dem globalisierten Verlagswesen (2011: 22-26) bis hin zu den Einflüssen des globalisierten Kulturbetriebs auf Kuba (2011: 15-18). Der Autor schreibt grundsätzlich in der ersten Person Singular. Der persönliche Charakter der Kurztexte hebt sich deutlich von seinen übrigen journalistischen, wissenschaftlichen sowie literarischen Arbeiten ab: von der Ehefrau, Freunden und Kollegen, der „Fast-Nichte Ámber" bis hin zu seinen beiden Hunden Chori und Nata lässt Padura Akteure und Details aus seinem Umfeld in die Texte einfließen. Er beginnt gemeinhin mit persönlichen Beobachtungen oder einem szenischen, aktuellen Einstieg der mit „gestern" oder „heute" terminiert ist.

Die Sammlung nach und nach erschienener Texte erhalte die Erinnerung an mitunter schwere Jahre, „in denen wir mit einem Chinafahrrad und einem Stück trockenen Brot zur Arbeit fuhren" (Neuber 2011a). Allein das Schreiben habe ihn damals vor der aufkommenden Verzweiflung bewahrt, mit der viele Kubanerinnern und Kubaner in der Zeit der Notwirtschaft nach 1993 kämpfen mussten. 2006 schrieb Padura über den Reggaeton, einer karibischen Mischung aus Reggae und HipHop, deren explizit sexuellen und nicht selten sexistischen Inhalte nur von dem musikalischen Niveau dieses Genres unterboten werden. Padura erinnerte sich angesichts solcher Trends in der zeitgenössischen kubanischen Jugendkultur an die Kontroversen in seiner Teenagerzeit 35 Jahre zuvor. Damals liefen Jugendliche Gefahr als „vom Imperialismus penetriert" bezichtigt zu werden (benutzt wurde hier tatsächlich die Vokabel penetrado), wenn sie die Beatles, Rolling Stones oder Led Zeppelin hörten. Man habe damals zwar die Texte nicht verstanden, aber die Refrains lauthals mitgesungen: All you need is love und I've got you under my skin. „Was mich heute am Reggaeton und seinen Texten am meisten schmerzt, sind nicht die unmittelbaren Auswirkungen auf seine Anhänger, sondern das kulturelle, gefühlsmäßige und emotionale Sediment, dass in ihnen als Quelle der Erinnerung verbleibt, wenn die heutigen Zeiten eines Tages der Vergangenheit angehören", schreibt Padura (2011: 17).

Eine Gattungseinordnung der journalistisch-literarischen Kurztexte kann – wie oft bei Padura – nicht eindeutig ausfallen. Die IPS-Kolumnen bewegen sich zwischen einem „subjektiven Erlebnisbericht", den der Zeitungswissenschaftler Emil Dovifat als bezeichnend für die deutsche Reportage angab, und der angelsächsischen feature story, der Von la Roche (2011: 159 ff.) einen „ständige(n) Wechsel zwischen Anschauung und Abstraktion, zwischen Schilderung und Schlussfolgerung" zuschreibt. Vor dem Hintergrund der regionalen Journalismusgeschichte in Lateinamerika, der Karibik und speziell Kuba liegt der Vergleich zu dem Argentinier Rodolfo Walsh und seinem Landsmann Jorge Ricardo Masetti nahe. Beide Journalisten und Autoren haben das Reportagegenre in Lateinamerika begründet und gelten als Wegbereiter der lateinamerikanischen Dokumentarliteratur, der novela testimonial (Knop 1998: 20).

Bekannt wurde Padura vor allem aber durch seine Romane mit der Hauptfigur des Kriminalpolizisten Teniente Mario Conde. Padura verlieh der Viererreihe den Untertitel *cuatro estaciones*, weil die Handlung der Bände *Pasado perfecto, Vientos de cuaresma, Máscaras* und *Paisaje de otoño* in je einer Jahreszeit des Jahres 1989 spielt. Die Wahl des Jahres ist bedeutend. 1989 markierte einen weltweiten, epochalen Umbruch, der sich vor allem in Kuba in einem erheblichen Maße auswirkte (vgl.u.a. I.2). Während aus Deutschland der Fall der Berliner Mauer vermeldet wurde, entbrannten in Kuba interne Debatten über die Perspektiven des unter dem Begriff der „Revolution" subsumierten politischen Prozesses. Mit dem Fall Ochoa wurden erstmals Korruptionsfälle auf höchster Funktionärsebene bekannt, in diesem Fall zudem im Militär, das sich als Nachfolger der moralisch unanfechtbaren Barbudos, der Rebellen, versteht. Der folgende, jähe Zusammenbruch der Sowjetunion und der damit einhergehende Wegfall eines paternalistischen Bruderstaates hinterließ in Kuba eine tiefe Enttäuschung und Demoralisierung unter jenen, die sich die propagierten Ideale zueigen gemacht hatten.

Diese historische Situation bildet das Ambiente für Paduras Romane, die unmittelbar nach diesen Geschehnissen, fast noch in Echtzeit entstanden.

In dem ersten Band *Pasado perfecto* dreht sich die Handlung zunächst um den Mord an Rafael Morín. Der Vizeindustrieminister verschwindet in der Silvesternacht 1988/1989 auf einer Feier. Für Ermittler Conde ist Morín kein Unbekannter. Conde und Morín sind alte Schulkameraden, auch wenn ihre Biografien diametral entgegengesetzt verlaufen sind: Während Morín als Funktionär der Kommunistischen Jugendorganisation Karriere gemacht hat, konnten der Protagonist und seine Freunde ihre Pläne nicht verwirklichen. Condes Wunsch war es Schriftsteller zu werden – und ausgerechnet das mutmaßliche Verbrechensopfer Morín hat dies verhindert. Als Jungfunktionär hatte er nicht nur die Zensur der Schulzeitung *La Viboreña* zu verantworten, in welcher der junge Conde einen ersten Aufsatz veröffentlicht hatte. Morín tat sich bei dem Verbot des Blattes zudem durch einen repressiven Auftritt hervor, der die Autoren nachhaltig einschüchterte und Conde bis ins Erwachsenalter davon abhält, eine Schriftstellerkarriere einzuschlagen.

Die Schilderung der Ermittlung entwickelt sich vor diesem Hintergrund weniger als Kriminalgeschichte – obwohl der Roman die groben Formalia dieser Gattung wahrt –, sondern wird zur Rekonstruktion unterschiedlicher Biografien im sozialistischen Kuba. Eingehend untersucht und beschreibt Conde das Leben und Umfeld des Verschwundenen Morín. Die „perfekte Vergangenheit" Moríns entpuppt sich dabei mehr und mehr als Scheinwelt eines korrupten Spitzenfunktionärs, der seine illegalen Machenschaften hinter einer makellosen Fassade zu verstecken vermochte. Vor allem die eingehenden Schilderungen der Lebensumstände eines Mitglieds der politischen Elite charakterisieren *Pasado perfecto* zugleich als Sozialroman und gesellschaftskritisches Werk.

Gleiches gilt für die weiteren drei Teile des Quartetts. In dem zweiten Band *Vientos de cuaresma* wird Conde zur Untersuchung des Mordes an einer jungen Lehrerin abgestellt. Schnell findet der Teniente heraus, dass das Todesopfer sich einen aufwändigen Lebensstil als Jinetera[49] finanziert hat, als Gelegenheitsprostituierte. Wie im ersten Band der Viererserie bietet der Kriminalfall lediglich den Rahmen für eine eingehende Sozialstudie der Jugendkultur Kubas in den ausgehenden achtziger und beginnenden neunziger Jahren. Vor allem die jugendliche Subkultur sowie Lebens- und Gesellschaftsentwürfe inmitten einer zunehmend desillusionierten Generation stehen im Focus dieses Bandes.

Als Höhepunkt der Tetralogie wird in der Sekundärliteratur beinahe einhellig der dritte Roman bezeichnet, wohl auch, weil er unter anderem mit dem spanischen Café-Gijón-Romanpreis ausgezeichnet wurde. Máscaras behandelt vordergründig den Mord an der Transexuellen (male-to-female) Alexis Arayán, die in einem roten Kleid tot außerhalb Havannas aufgefunden wird. Auch in diesem Fall bietet der Kriminalfall lediglich das Korsett für die Betrachtung widersprüchlicher gesellschaftlicher Prozesse, hier vor allem den Umgang mit Homosexualität und Transvestismus. Die Ermittlungen führen Conde in die Homosexuellen- und Transvestitenszene der kubanischen Hauptstadt Havanna, wo er dem schwulen und exzentrischen Theaterregisseur Alberto Marqués begegnet. Mit dem Zusammentref-

---

[49] Der Terminus Jinetera/o (wörtlich: „Reiter/in") bezeichnet eine Art von männlicher oder weiblicher Gelegenheitsprostitution, die in Kuba mit dem fast zeitgleichen Beginn von Krise und Massentourismus einsetzte.

fen der Romanfiguren schafft sich Padura die Möglichkeit, verschiedene Aspekte der kubanischen kulturpolitischen Historie zu behandeln: Marqués vertraut Conde seine Lebensgeschichte an, die sich um die Repression und das Berufsverbot dreht, die er Anfang der siebziger Jahre erlitt. Damals war Marqués Opfer der Kulturpolitiker im *Quinquenio Gris* geworden. Ähnlich einem der Hauptmotive in Tomas Gutierrez Aleas 1993er Spielfilm *Fresa y Chocolate* bzw. der Romanvorlage *El lobo, el bosque y el hombre nuevo* von Senel Paz durchlebt der Protagonist Conde im Kontakt mit Marqués einen Lernprozess und legt seine Vorurteile ab. Die Geschichte wird so zur wenig subtilen Kritik an der phasenweise repressiven Homophobie.

In dem letzten Band des Havanna-Quartetts, Paisaje de otoño, stellt Padura eine kubanischen Exilanten in Zentrum der Handlung. Das Mordopfer Miguel Forcade hatte Kuba 1978 verlassen und lebte seither in den USA. Unmittelbar nach seiner Rückkehr auf die Insel wird er tot am Strand gefunden – offenbar als Opfer eines Gewaltverbrechens. Der offizielle Reisegrund, ein Besuch bei Forcades Vater, wird von Conde rasch entlarvt. Der Exilant war nach Kuba gekommen, um eine wertvolle Antiquität aus dem Land zu schmuggeln. Die illegalen Geschäfte und Netzwerke zwischen Kuba und der Diaspora werden in diesem Rahmen seziert.

Bedeutend für die Handlung ist die Erzählperspektive der Hauptfigur Conde, deren Rückblicke eine tragende Rolle für die Entwicklung der beschriebenen Zentralmotive bilden. Conde erinnert sich – vor allem im Fall des Romans Máscaras – an seine Schulzeit und reflektiert bestimmte politische Entwicklungen vor seinem persönlichen Erfahrungshorizont. Die Figur Conde präsentiert sich dabei als „*triste, casi derrotado*" (Castells 2000: 26).

Padura verschwendet keine Zeit, um seinen Protagonisten entsprechend in Szene zu setzen. Zu Beginn des ersten Bandes, Pasado perfecto, erwacht Conde stark mitgenommen von einem Alkoholexzess in der Nacht zuvor, demotiviert, fast depressiv und alles andere als arbeitsfreudig. Der Zustand Condes korrespondiert mit der Erscheinung Havannas, die auf seinem Weg zur Arbeit beschrieben wird: die Stadt ist heruntergekommen und nur noch ein Abbild ihres einstigen Zustandes:

> El Conde murió con una nostalgia que ya le resulta demasiado conocida la Calzada del barrio, los latones de basura en erupción, los papeles de las pizzas de urgencia arrastrados por el viento, el solar donde había aprendido a jugar pelota convertido en depósito de lo inservible que generaba el taller de mecánica. Se puso los espejuelos oscuros y caminó hacia la parada [...] (Padura 1995: 15-16)

Conde wird zu einem Ermittler mit den Merkmalen „der Detektive Marlowe von Raymond Chandler oder Carvalho von Manuel Vázquez Montealbán [...], ein komplett atypischer Polizist sowohl in der Realität als auch in der bis dahin entstandenen Krimiliteratur Kubas" (Michelena 2006: 45). Zum Zeitpunkt der vier Romane, also dem Jahr 1989, ist Conde 35 Jahre alt und seit zehn Jahren im Polizeidienst. Kurz zuvor war er wegen eines Streits mit einem Kollegen kurzzeitig von Dienst suspendiert worden, auch wenn sein väterlicher Vorgesetzter Mayor Rangel ihn als einen seiner besten Männer einschätzt. Die größten Sorgen Condes sind, wie der Leser aus den Monologen erfährt, sein fortschreitender Haarausfall, sein Leben als „einsamer Wolf" ohne eine feste Partnerin, wenn auch mit wechselnden, kurzen Sexualkontakten, und seine zunehmende Alkoholabhängigkeit. Neben der „einsamen Hitze seines Heimes" (Padura 1997: 13) leidet Conde unter einer existenziellen Leere, die er mit schwindendem Erfolg durch melancholische Erinnerungen an seine Jugend zu füllen versucht: an seinem Großvater Rufino el Conde, seiner erste Kommunion vor 28 Jahren, die sonntäglichen Kirchgänge, zu denen ihn sein Vater verpflichtete, die Schul- und Studienzeit mit seinen Freunden.

Die Melancholie und Selbstzweifel des Hauptcharakters begründen sich romanübergreifend in seiner gebrochenen Biografie. Durch das Erlebnis der politischen Zensur zu Schulzeiten vermochte Conde es nie, seinen Wunsch einer Schriftstellerkarriere zu realisieren. Rückhalt bieten ihm hingegen seine Freundschaften, vor allem jene zu seinem Schulfreund Carlos alias El Flaco, der seit seinem Einsatz im Angola-Krieg querschnittsgelähmt ist. Kraft schöpft Conde also nicht aus seiner Rolle als Teil eines Kollektivs (Polizei, Armee, Geheimdienst, Massenorganisation etc.), das sich gegen das Verbrechen stellt, sondern aus seinen persönlichen Freundschaften. Auch seine Motivation, gegen das Verbrechen vorzugehen, ist nicht politisch begründet, sondern leitet sich aus einer individuell-moralischen Position ab. Conde wurde Polizist, „nur weil er eben nicht möchte, dass die Hurensöhne ihre Sachen straflos durchziehen können" (Padura, zitiert nach Epple 1995: 57).

Grundsätzlich gibt Padura das Geschehen aus der Sicht des Ermittlers in der Ich-Perspektive wieder. Amesberger (2009: 43) verweist jedoch darauf, dass dieser narrative Standpunkt regelmäßig von Analepsen unterbrochen wird, in denen Mario Conde persönliche Erlebnisse einspinnt. Diese Perspektiven- und Tempuswechsel seien ein Charakteristikum des Havanna-Quartetts, so Amesberger, die zugleich die Motivation des Protagonisten hervorhebt: Anders als im vormals stark politisierten kubanischen Kriminalroman lasse sich die Romanfigur Conde nicht von einer conciencia revolucionaria leiten, sondern von einem persönlich entwickelten und begründeten Moralsystem, das ihn zudem auf geradezu postmoderne Weise Sympathie mit dem Delinquenten entwickeln lässt (vgl. Franken 2009: 10 f.).

Akzentuiert wird bei den persönlichen Rückblenden das Erlebnis der Zensur der Schulzeitung in dem Preuniversitario (etwa: Oberstufe). Nach mehrmaligen Verweisen auf diesen Zwischenfall in den ersten beiden Bänden der Tetralogie lässt Padura seine Hauptfigur die Details der Geschichte in Máscaras erzählen. Sein Aufsatz mit dem Titel Domingos hatte die sonntäglichen Kirchgänge zum Thema, zu denen er vom Elternhaus gedrängt wurde. Der gnadenlose Verriss durch den kommunistischen Jungfunktionär Morín, der eine politische Verurteilung der katholischen Institutionalität vermisste, hält Conde bis zur narrativen Gegenwart von Schreiben ab. Padura konstruiert die Geschichte als Mise en abyme, als Erzählung in der Erzählung, und verleiht ihr dadurch ein besonderes Gewicht. Zugleich ist die Geschichte der zensierten Schulzeitung La Viboreña und des Aufsatzes Domingos unabdingbar, um die Figur Conde in Kontext des Krimigenres zu verstehen: Er will die herrschenden Verhältnisse, die ihm übel mitgespielt haben, keineswegs wieder herstellen, akzeptierte sie also nicht als anstrebenswerte Normalität, die vom abnormen Verbrechen durchbrochen wird.

So wird die Ermittlungstätigkeit zugleich zu einer Rekonstruktion der Vergangenheit, die der Protagonist des Havanna-Quartetts offenbar in Angriff nimmt, um seine persönliche Geschichte aufzuarbeiten – wobei der diese Kausalität seinen Vorgesetzten (und sich gegenüber?) freilich nicht eingesteht. Vor allem in Máscaras untersucht Conde die Gründe für das Geschehen in der Vergangenheit und entwickelt vor seinem persönlichen Erlebnishintergrund Theorien, *„que Umberto Eco y otros han llamado abducciones, es decir, deducciones hacía atrás o retroducciones"* (Franken 2009: 34). Der Vergleich zu Borges' Ermittler Erik Lönnrot (La Muerte y la brújula) liegt nahe.

Trotz dieses persönlichen Vorgehens und der individuell begründeten Motivation ist die Lösung der Kriminalfälle auch bei dem Protagonisten Mario Conde kollektiv eingebunden. Entgegen dem vormaligen kubanischen Kriminalroman besteht das Kollektiv hier jedoch nicht aus Aktivisten etwa der Komitees zu Verteidigung der Revolution, der CDRs, die eine externe, meist imperialistische Aggression abwehren (vgl. Franken 2009: 43). Conde stützt sich bei der Lösung seiner Fälle auf Personen, die, ebenso auch er, aus einer persönlichen Motivation handeln. In Máscaras ist es die Zeugin María Antonia, die ihm aus mütterlicher Zuneigung zu Alexis Arayán hilft. Padura greift auf diese Weise das Motiv der kollektiven Verbrechenslösung auf und dekonstruiert es zugleich in seiner bis dahin bestehenden politischen Auslegung.

Padura hat die Figur Condes über die vier Romane des Havanna-Quartetts am Leben gehalten und ihre Geschichte inzwischen in drei Erzählungen weiterentwickelt. Nachdem Conde zum Ende von Paisaje de otoño seinen Beruf als Polizist aufgegeben hat, verdient er sich in Neblina de ayer (2005c/dt. 2008: „Der Nebel von gestern") als Antiquar seinen Lebensunterhalt. Als Grund für den Berufswechsel gibt Conde allgemein die Widersprüche zwischen Realität und Anspruch im Polizistenberuf an, konkreter Anlass ist ein massiver Korruptionsfall im Revier, der nach einer internen Prüfung – gleichsam eine Parabel auf die potentielle Beobachtung von Bürgern in der kubanischen Gesellschaft – aufgedeckt wird. Auch im neuen Beruf gerät Conde rasch in Konflikt mit der Realität, in der von den Inselkubanern jegliche alten und wertvollen Bücher zu Geld gemacht werden. Wiederholt sperrt sich Conde gegen diese Vermarktung des Kulturerbes (der zudem oft illegal ist, weil Bücher aus staatlichen Bibliotheken und mit einem über 50 Jahre zurückliegenden Publikationsdatum nach den Zollbestimmungen nicht ausgeführt werden dürfen).

In dieser Situation stößt Conde in Neblina de ayer auf eine alte Bibliothek, in die seit über vier Jahrzehnten kein Buch aufgenommen oder entnommen wurde. Die Hausbibliothek befindet sich in dem alten Anwesen der wohlhabenden Familie Montes de Oca, deren Oberhaupt Alcides Kuba nach dem Sturz des Batista-Regimes Hals über Kopf verlassen hat. In einem Kochbuch findet Conde einen alten Zeitungsartikel mit dem Bild der Bolero-Sängerin Violeta del Rio, deren rätselhaften Tod sich der ehemalige Polizeiermittler zu lösen zur Aufgabe macht.

Über das kleine Relikt aus der Zeit vor 1959 dringt Conde weit in die vorrevolutionäre Vergangenheit des Landes ein und rekonstruiert die Geschichte der Affäre zwischen dem Patriarchen Alcides Montes de Oca und der Sängerin. Padura zeichnet im Verlauf der Geschichte ein eindringliches Portrait des vorrevolutionären Kubas und spannt, ohne diese Zeit von Grund auf zu verdammen, den Bogen in die Aktualität. Er bricht mit diesem interessierten Blick auf die kubanische Gesellschaft vor 1959 erneut ein politisches und literarisches Tabu.

IV.2 Diskussion

Neben dem Mexikaner Paco Ignacio Taibo II und dem argentinischen Schriftsteller Mempo Giardinelli gehört Leonardo Padura zu den Erneuerern des Krimigenres im lateinamerikanischen und karibischen Raum. Alle drei Autoren verbindet die deutliche Sozial- und Gesellschaftskritik, die ihren literarischen Werken innewohnt. Ihre als Kriminalliteratur angelegten Romane begründeten somit zugleich einen „gegenkulturellen Diskurs, der in der Lage ist, Zeugnis von der Realität in Argentinien, Kuba und Mexiko abzulegen" (Martín Escribá/Sánchez Zapatero 2007: 49).

Im Fall Paduras ist der innovative Charakter seiner Kriminalliteratur im literarisch-nationalen Kontext dieses Genres besonders offensichtlich, weil er mit einer bis Anfang der neunziger Jahre dominierenden Strömung brach, die stark vom herrschenden politischen Diskurs beeinflusst war. Zunächst hatte der Kriminalroman in der kulturellen und gesellschaftlichen Aufbruchsituation nach dem Sieg der Kubanischen Revolution 1959 durchaus an Popularität gewonnen (Castells 2000: 2). 1965 erscheint Arnaldo Correas Krimierzählung *Asesinato por anticipado*, die das Genre im sozialistischen Kuba begründet. Im gleichen Jahr wird mit *Enigma para un domingo* von Ignácio Cárdenas Acuña erstmals ein kompletter Kriminalroman publiziert (ibd.). Mit dem massiven Popularitätsgewinn, den Castells u.a. dem Genre Ende der sechziger und Anfang der siebziger Jahren bescheinigen, weckt die *novela policial* das Interesse der staatlichen Kulturinstitutionen und der politischen Instanzen. Das Genre wird angesichts dieser Entstehungsgeschichte, der Vereinnahmung durch politische Interessen und seiner neuerlichen Emanzipation zu Beginn der neunziger Jahre zu einem Spiegel der Kulturpolitik Kubas. Als Zäsur wird in der Sekundärliteratur in diesem Zusammenhang wiederholt die Ausschreibung eines Krimipreises durch das kubanische Innenministerium (MININT) ab dem Jahr 1971 genannt. Indem der Literaturwettbewerb für die Gattung in Kuba bei einem Ministerium angesiedelt wurde, entwickelten sich die Kriminalromane verstärkt als Teil des offiziellen Diskurses. Über die gesamten siebziger Jahre und bis zu Beginn der achtziger Jahre orientiert sich das Krimigenre in Kuba an den Vorgaben des MININT (Simpson 1990: 97; Menton 1990: 913 f.). Erst mit der massiven Ausreisewelle über den Hafen von Mariel 1980 ändert sich das gesellschaftliche Klima in Kuba, es werden neue Debatten geführt und finden Niederschlag in der Kriminalliteratur, die sich nun auch den soziokulturellen Problemen widmet. Castells (2000: 243) konstatiert:

> Si bien la novela criminal de la década de los setenta gira en torno a unas actividades delictivas ajenas al llamado socialismo científico, el género policial de la década de los ochenta demuestra que la sociedad revolucionaria también produce sus propias actividades criminales.

Auch Dettman (2008: 84) sieht das Genre in Kuba in den achtziger Jahren in der Krise, während Serrano (2001: 107) den direkten Vergleich zum „kapitalistischen Kriminalroman" zieht:

> Si la novela policíaca quedaba demeritada en la sociedad capitalista por su servidumbre al mercado, por su propósito de entretenimiento o por su limitación a sucesivos ejércitos de agudeza de ingenio; la versión cubana se devaluaba por su adscripción a un didactismo partidista, su versión maniquea de los conflictos

humanos y por una escritura simplificada, ajena de plantear cualquier inquietud al lector.

Padura sei es gelungen, den kubanischen Kriminalroman aus diesem Zustand zu befreien und durch die Verbindung mit einer zeitgemäßen Sozialkritik zu bereichern, schreibt Dettman (2008: 85). Der Ursprung dieser Erneuerungsbewegung reicht bis in die späten siebziger Jahre zurück. Auch Autoren wie der aus Uruguay stammende kubanische Autor Daniel Chavarría hat mit seinem Roman *Joy* (1977) ebenso zu den Trend beigetragen wie Justo Vasco mit *Primero muerto* (1986). Vor allem aber Padura gelang es, und dazu trugen womöglich die historischen Umstände Anfang der neunziger Jahre bei, mit dem Havanna-Quartett einen Durchbruch auf internationaler Ebene und in Kuba. Zweifelsohne halfen ihm dabei seine journalistischen Erfahrungen bei der Tageszeitung Juventud Rebelde, der Kulturzeitung *El Caimán Barbudo* und der Kulturzeitschrift *Gaceta de Cuba*, denn "den Autor verleiht der Tetralogie [...] ein starkes ideologisches und politisches Gewicht, vergleichbar mit seinen journalistisch-investigativen Büchern" (Martín Escribá/Sánchez Zapatero 2007: 55).

Padura selbst gibt an, spätestens mit dem Havanna-Quartett die *novela negra* cubana neu begründet haben zu wollen, ebenso wie dies Vázquez Montealbán nach dem Ende de Faschismus in der zweiten Hälfte der siebziger Jahre in Spanien gelungen ist. Tatsächlich entspricht die Hauptfigur Conde den Protagonisten aus der Feder des barcelonischen Autors. Die Attribute des *cansancio und desencanto* haften dem Ermittler in Paduras Kriminalromanen an. Martín Escribá und Sánchez Zapatero (2007: 55) bemerken dazu:

> Este cansancio viene reflejando por el desencanto a medida que transcurren sus historias, un desencanto que en el caso del escritor cubano se convierte el dolor y padecimiento al hablar de su ciudad. Las leves tramas de su novelas no son más que excusas para presentar frescos económicos, sociales y políticos de Cuba.

Padura lässt die Handlung seiner Tetralogie an realen Orten der kubanischen Hauptstadt spielen. Ausgedehnte Passagen seiner Romane befassen sich mit detaillierten Beschreibungen des jeweiligen Ambientes: der Straßen, der Wohnung von Conde, vor allem aber auch der Wohnung des Vizeministers Rafael Morín, der in der Villa eines ehemaligen Mitglieds der kubanischen Oberschicht lebt. Die vier Bände werden damit zugleich zu einer Sozialkritik wie sie in Kuba sonst nur bei Amir Valle oder Lorenzo Lunar zu finden sind, die Themen wie Drogen, Drogenhandel, Prostitution, Korruption, Sextourismus, Gewalt, soziale Differenzen, Verfall oder Emigration behandeln.

Das ideologische Monopol des MININT über den kubanischen Kriminalroman dauerte demnach genau 20 Jahre: Von der Publikation Cárdenas Acuñas' Enigma para un domingo 1971 bis zur Erstpublikation von Paduras Pasado perfecto 1991 (Castells 2000: 25). Die Selbstkritik der Autoren an der Entwicklung des Genres in dieser Zeit ist damit gleichfalls als Kritik an Entwicklungen des politischen Systems aufzufassen (Amesberger 2009: 33). Gerade Padura ging über den vormals nach politischen Kriterien definierten Rahmen hinaus, indem er erstmals staatliche Funktionäre als Delinquenten präsentierte.

Bei dem Versuch einer Gattungszuordnung der Tetralogie Paduras lassen sich Aspekte sowohl der Kriminalliteratur, unter denen die vier Bände gemeinhin gehandelt werden, als auch des Sozialromans finden, wie auch Madero (Unionsverlag online) feststellt:

> Doch obwohl die Bilder in dieser Tetralogie im Wesentlichen zur Situation von 1989 passen [...] erscheinen auch charakteristische Begebenheiten des nachfolgenden Jahrzehntes.

Nach der Definition von Nusser (2003: 22) finden sich bei Padura auf der anderen Seite alle charakteristischen Aspekte des Kriminalromans: das Verbrechen, die Untersuchung und die Auflösung. Auch die laut Nusser (ibd.) typischen Zusatzelemente von Fahndung, der Rekonstruktion der Tat und der Klärung der Motive lassen sich bei Padura erkennen, wennschon einzelne Fälle (etwa bei *Máscaras*) letztlich in Gänze ungelöst bleiben.

Während sich die Charakteristika des Kriminalromans fast vollständig nachweisen lassen, sticht die Person des Ermittlers hervor. Condes Fehlerhaftigkeit – der Lebensstil, seine Zweifel oder die Akzeptanz illegaler Handlungen – lassen die Einordnung als *novela policíaca clásica* nicht zu (Colmeiro 1994: 56). Nach Colmeiro drängt sich vor allem in Anbetracht des Protagonisten die Klassifizierung als novela policíaca negra auf – was schließlich auch mit dem Anspruch des Autors im Einklang steht.

Der Wert des geschichts- und gesellschaftskritischen Kriminalroman Paduras liegt in den auto- und kollektivbiografischen Aspekten und dem hohen Maß an Intertextualität begründet. Der Autor weist auf diese Realitätsbezüge gleich zu Beginn in einem ironisierenden Hinweis hin:

> Los hechos narrados en esta novela no son reales, aunque pudieron serlo, como lo ha demostrado la realidad misma. Cualquier semejanza con hechos y personas reales es, pues, pura semejanza y una obstinación de la realidad. Nadie, por tanto, debe sentirse aludido por la novela. Nadie, tampoco, debe sentirse excluido de ella si de alguna forma lo alude. (Padura 1995: Nota del Autor)

Die Romane des Havanna-Quartetts sind durchsetzt von intertextuellen Bezügen zu Biografien und historischen Ereignissen. Wenn der ehemalige Theaterregisseur Alberto Marqués in Máscaras den politischen Prozess schildert, nach dem er Anfang der siebziger Jahre mit einem Berufsverbot belegt wurde, spricht er von der Aufforderung, „Sünden" zu gestehen:

> Ellos eran cuatro, como una especie de tribunal inquisidor, y sobre la mesa habían puesto una de esas grabadoras grandotas de cintas, y le iban diciendo a la gente sus pecados [...]. (Padura 1997: 97 f.)

Während der Terminus in der Sekundärliteratur fast ausschließlich religiös interpretiert wird, spielt der Autor hier offensichtlich auf den 1965 erschienenen programmatischen Essay von Ernesto „Che" Guevara, *El socialismo y el hombre en Cuba*, an, in dem der Kubano-Argentinier die These vom pecado original formulierte: „Die Schuldhaftigkeit vieler unserer Intellektueller und Künstler besteht in ihrer ursprünglichen Schuld: Sie sind keine authentischen Revolutionäre." Durch die Anspielung auf diesen politisch-historischen Kontext dokumentiert Padura mit der Schilderung Marqués' zugleich die kollektive Repressionserfahrung eines erheblichen Teiles der kubanischen Intelligenz im Laufe des *Quinquenio Gris*.

Aufgegriffen wird das Thema auch in den Analepsen des Protagonisten Conde, in denen er sich an die Zensur der Schulzeitung La Viboreña erinnert. Auch hier flicht Padura, der in dem Hauptstadt-Viertel La Víbora aufgewachsen ist und bis heute lebt, einen autobiografischen Bezug ein. Vor allem vor dem Hintergrund der Guerrita de los e-mails Anfang 2007 lesen sich die Erinnerungen der Hauptfigur Conde als Parabel auf die kollektiven Erfahrungen kritischer und/oder unabhängiger Intellektueller im kulturpolitischen Ambiente der siebziger Jahre. Wiederkehrende Publikationsverbote – angefangen von *Lunes de Revolución*, über *Pensamiento Crítico* bis hin zu jüngeren Beispielen wie *Naranja Dulce* – sind bis heute Gegenstand der kulturpolitischen Debatten und werden von Padura im literarischen Kontext aufgegriffen. Der Autor rekonstruiert diese historischen Erfahrungen anhand der persönlichen Geschichte und der beruflichen Biografie seines Protagonisten. Die literarische Aufbereitung gibt ihm dabei die Möglichkeit, die emotionalen Konsequenzen der Repressionserfahrung zu offenbaren. Dies ist der Fall bei der Hauptfigur Conde, denn:

> [...] lo frustrante, sin embargo, fue la represión que desató aquella revista que nunca llegó al número uno [...]. Cada vez que lo recuerda, el Conde recupera una vergüenza lejana pero imborrable, muy propia, toda suya, que lo invade físicamente: siente un sopor maligno, unos deseos asfixiantes de gritar lo que no gritó el día en que los reunieron para clausurar la revista y el taller [...] (Padura 1997: 59).

Deutlicher noch wird Paduras Intention, die psychischen Folgen der repressiven Kulturpolitik für die Betroffenen zu beschreiben, in *Máscaras*, dem dritten Band der Tetralogie. Im Gespräch mit Conde schildert der homosexuelle Künstler Alberto Marqués seine Sanktionierung:

> Y entonces hablaron de mí, como el principal responsable de la línea estética de aquel teatro. La primera acusación que me hicieron fue la de ser un homosexual que exhibía su condición, y advirtieron que para ellos estaba claro el carácter antisocial y patológico de la homosexualidad [...] El Marqués suspiró, como para expulsar un gran cansancio, y Mario Conde sintió que despertaba de un largo sueño. (Padura 1996: 97)

Die Aufarbeitung repressiver Kulturpolitik ist damit eindeutig eines der zentralen Themen des Havanna-Quartetts. Neben den Erinnerungen Condes an das Publikationsverbot der Schulzeitung *La Viboreña* spielt dabei die Verteidigungsrede der Lehrerein Olguita eine tragende Rolle. Um ihre Schüler von der überraschenden Zensur in Schutz zu nehmen, greift sie das politische Tribunal unter Mitwirkung von Rafael Morín scharf an und vergleicht sein Vorgehen mit den Methoden der katholischen Inquisition und des Stalinismus. (Diese assoziative Parallele lässt Padura auch den ehemaligen Theaterregisseur ziehen.)

In Deutlichkeit kaum mehr zu überbieten ist das Urteil der Lehrerein, wenn sie die Mitglieder der Kommission als *trogloditas políticos* bezeichnet. Amesberger (2009: 43) hebt die Zusammenführung der Termini *trogloditas* und *políticos* als sinnbildlichen Widerspruch hervor. Ebenso ambivalent seien schließlich die Handlungsweisen des Direktors, der sich mit der Zensur des Blattes politisch profilieren will und zugleich, wie der Leser später erfährt, in einen Korruptionsskandal verwickelt ist.

Korruption und Bereicherung von Funktionären aus Regierung und Administration sind ebenfalls wiederkehrende Motive der Tetralogie. In *Paisaje de otoño*, dem letzten der vier Bände, wird dieser Themenstrang besonders offensichtlich in der Auseinandersetzung des Ermittlers Conde mit dem Funktionär Gerardo Gómez de la Peña. Der ehemalige Arbeitskollege des Mordopfers Miguel Forcade lebt in der Villa eines ehemaligen Mitglieds der Oberschicht und rühmt sich damit, ein Originalgemälde von Henri Matisse zu besitzen, das er zu einem niedrigen Preis (offenbar illegal) gekauft hat und das schätzungsweise drei Millionen US-Dollar wert ist. Padura lässt Conde fragen:

> Si puede volver a ser sincero conmigo, respóndame otra pregunta: ¿no le parece realmente bochornoso tener en esa pared de esta casa un cuadro millonario, comprado con su cargo, mientras allá abajo hay gentes que se pasan la semana comiendo arroz? (Padura 1998: 57)

Mit der Antwort des Befragten lässt Padura einen Teil der kubanischen Nomenklatura in keinem guten Licht erscheinen:

> ¿Por qué iba a abochornarme, precisamente yo, que soy un viejo retirado al que le gusta mirar este cuadro? [...] No, claro que no me abochorno. Porque la vida es como dijo el viejo congo: al que le coco, le coco. Y a el no le tocó, lástima, pero ese se jodió ¿no? (ibd.)

Franken (2009: 17 f.) sieht in der Sozialkritik dieser Szenen einen der Hauptintentionen des Chronisten Padura, der den Mangel in der „Sonderperiode zu Friedenszeiten" nicht nur beschreibt, sondern ihn zudem in Kontrast mit den aufwändigen Lebensstil korrupter Amtsträger setzt. Deutlich wird dies auch in der detaillierten Beschreibung des Wohnhauses von Rafael Morín:

> [...] una casona de dos plantas en la Séptima Avenida de Miramar, con un jardín bien cuidado y paredes pintadas de un blanco brillante, paneles de vidrios milagrosamente enteros en la ciudad de los vidrios rotos y dos autos en el carporch. [...] Era la imagen de la prosperidad (Padura 1997: 34).

Madero (Unionsverlag online) weist in diesem Zusammenhang auf eine Ungereimtheit hin: „Die Sensibilität (bis hin zur Hypersensibilität) mit der diese Angelegenheiten beleuchtet werden und auch die Handlungsweise der Protagonisten entspricht eigentlich eher den Neunzigerjahren."

Das dritte bedeutende Thema in den Kriminalromanen Paduras ist das unaufrichtige Rollenverhalten, das Zensur und Überwachung provoziert haben und das sich in den Verhaltensweisen der Kubanerinnen und Kubaner etabliert hat. So treffe man auf:

> [...] homosexuales que aparentan no serlo, resentidos que sonríen al mal tiempo, brujeros con manuales de marxismo bajo el brazo, oportunistas feroces vestidos de mansos corderos, apáticos ideológicos con un utilismo carnet en el bolsillo. (Padura 1997: 149 f.).

Alberto Marqués stellt fest, dass viele Kubanerinnen und Kubaner diese Masken, also Scheinidentitäten, inzwischen tragen „als wären es ihre eigenen Gesichter" (a.a.O.: 202). Als wichtigste Scheinidentität wird in Máscaras jene von Faustino Arayán aufgedeckt, dem Vater des Mordopfers Alexis. Über Jahre hinweg hat er angegeben, vor 1959 ein verdienter Revolutionär gewesen zu sein, um sich so nach dem Sturz der Batista-Diktatur seine Karriere abzusichern. Die Figur Faustino Arayán wird von Padura nicht nur als Betrüger aufgebaut. Der Autor inszeniert die Figur als skrupellosen Karrieristen, der während eines offiziellen Einsatzes in Paris zwei andere Funktionäre denunziert, um darüber auf der Karriereleiter weiter emporzusteigen. Seinen transexuellen Sohn Alexis weist Faustino Arayán aggressiv zurück, behandelt ihn „wie einen Aussätzigen im eigenen Haus" (Franken 2009: 46). Diese Intoleranz des Opportunisten führt schließlich ins Verderben. Die Gängelung seines transexuellen Sohnes verleitet diesen in offensichtlich suizidaler Absicht dazu, seinem Vater mit der Offenbarung des Familiengeheimnisses zu drohen. Faustino Arayán sieht keine andere Option als die des Mordes an seinem eigenen Sohn, um seine eigene soziale Stellung zu wahren.

Die Erfahrungen im Polizeidienst und seine zunehmenden Zweifel an dieser Berufswahl lassen Conde am Ende der Vierer-Roman-Serie den Dienst quittieren. Im Dialog mit seinem Schulfreund Carlos fasst er schließlich den Beschluss, sich als Schriftsteller zu versuchen und stellt resümierend fest:

> Escribiría una historia de la frustración y del engaño, del desencanto y la inutilidad, del dolor que produce el descubrimiento de haber trastocado todos los caminos, con y sin culpa. (Padura 1998: 27)

Die Erfahrungen einer paternalistisch geleiteten Generation nach der Revolution sowie der Widerspruch zwischen den persönlichen Bedürfnissen und den kollektiven Vorgaben bestimmen die Gefühlswelt Condes. Wilkinson (2006: 251) stellt mit Blick auf die Hauptfigur die These einer *aesthetic of doubt* auf und sieht darin Hinweise auf einen existenzialistischen und postmodernen Charakter in Paduras Kriminalromanen. Die „existenzielle Botschaft" (a.a.O.: 264) lasse sich, vor allem mit Blick auf *Paisaje de otoño*, wie folgt formulieren:

> Choosing one's own path is the way to achieve fulfillment [...] Conde's preferred choice is writing and by the end of Máscaras [...] he has realized that this is his true vocation. [...] But the question is when and how did he lose his way? (ibd.)

Diese im Verlauf von Paduras Tetralogie gereifte Frage stellt sich freilich nur vordergründig für den Protagonisten; sie richtet sich allegorisch auch an seine Generation und in gewissem Maße an den kubanischen Sozialismus.

Abstrakter als die Darstellung des Protagonisten, seiner Motive und ihrer politischen Interpretation ist der Umgang mit dem Thema der Zeit in Paduras Romanen, das der Autor „geradezu obsessiv behandelt" (Dettman 2009: 37). Schon in dem Titel Pasado perfecto klingt eine Thematik an, die spätestens in dem Roman Neblina de ayer eine zunehmend dominierende Rolle einnimmt. Zentrales Motiv in *Neblina de ayer* ist eine alte Schuld, ein Mordfall, die in die Gegenwart hineinwirkt. Die vergangene Schuld kehrt quasi in maligner Form wieder, worin Dettman (a.a.O.: 39 f.) einen diametralen Gegensatz zum „sozialistischen Krimi" sieht, der das Genre in Kuba, wie beschrieben, seit Beginn der siebziger Jahre dominierte. Den damals geltenden staatlich-literarischen Parametern zufolge hat die Revolution bestehende gesellschaftliche Probleme und Widersprüche als Quelle des Verbrechens gelöst, so dass sich das Kollektiv (Volk, Massenorganisationen, bewaffnete Organe) „nur noch" gegen einen äußeren Feind zur Wehr setzen muss – und dies selbstredend erfolgreich. Padura bricht spätestens in Neblina de ayer radikal mit diesem Schema, indem er ein literarisches Portrait der vorrevolutionären Gesellschaft Havannas schafft. Der Bezug zum partiell düsteren Wesen dieser Vergangenheit gleicht den morbid-schicksalshaften Erzählungen Edgar Allan Poes (ibd.).

Zu Beginn des Romans stößt Paduras Hauptfigur Conde, der sich seinen Lebensunterhalt nach dem Ausstieg aus dem Polizeidienst als Antiquar verdient, auf eine alte und über Jahrzehnte unberührte Hausbibliothek. Padura inszeniert diesen Ort als Zeitkapsel; das Ambiente des fast vermoderten, leeren Raumes lässt in Conde Vorahnungen entstehen. In dem Haus leben Angehörige der Oligarchenfamilie Montes de Oca die eine alte, verknöcherte Angehörige pflegen. Geister der Familie sollen das Haus beleben, dessen Bibliothek einen spürbaren contraste térmico zur Außenwelt-Realität-Gegenwart aufweist. Padura schafft dieses Ambiente, um ein für die Handlung zentrales Relikt einzuführen: einen Zeitungsartikel, der ihn auf den Mord an der Bolero-Sängerin Violeta del Rio aufmerksam macht. Den metaphysischen Charakter des Hauses der Montes de Oca und seiner Bibliothek macht Padura mit einem religiös-intertextuellen Verweis auf die Zerstörung Sodoms[50] deutlich: Als Conde das Haus verlässt, hält ihn ein jähes Gefühl davon ab, auf das Anwesen zurückzublicken.

Dieses Spiel mit der vorrevolutionären Vergangenheit reichert Padura mit den bekannten Analepsen seiner Hauptfigur an, die im Zeitstrahl nicht so weit zurückreichen wie die Geschichte des vordergründig behandelten Kriminalfalls, dennoch aber eine wichtige Rolle spielen. Die Relikte der ermordeten Bolero-Sängerin lassen sich Conde an die Musik seiner Jugend erinnern, die Rock-Musik der sechziger Jahre:

> Música diversionista, impropia para los oídos de un joven revolucionario, según sabia y marxista decisión del aparato ideológico del estado. (Padura 2005c: 96)

Die von Padura literarisch formulierte Kritik nähert sich dem Urteil Jacques Derridas in seinem 1993 erschienenen Band *Spectres de Marx: L'Etat de la dette, le travail du deuil et la nouvelle Internationale* an, in dem der französi-

---

50 Eine Anspielung auf die Zerstörung Sodoms, bei der Lots Frau sich der Weisung widersetzte, bei der Flucht aus der Stadt nicht zurückzusehen: „Als Lots Frau zurückblickte, wurde sie zu einer Salzsäule" (1. Mose 19, 1-26)

sche Philosoph das gebrochene Verhältnis des klassischen Marxismus' zur Vergangenheit kritisiert. Die „Gespenster" (*spectres*) im Titel der programmatischen Schrift sind von Derrida im Sinne einer Dekonstruktion durchaus ernst gemeint, indem sie die in der Geschichte der westlichen und damit auch der marxistischen Philosophie dominierende Ontologie hinterfragen. Zu Gunsten des Ideals einer in sich selbst erfüllten Gegenwart gründe dieses Prinzip darin, die Fortdauer der vergangenen Gegenwart, „in einer Bewegung des Exorzismus" zu negieren (Derrida 1995: 253).

Im Schutze des „Nebels von gestern" kehren bei Padura nicht Derridas Gespenster zurück, sondern die der vormarxistischen Gesellschaft. Der Geist der Epoche Violeta del Ríos, deren Schicksal Conde, nun in der klassischen Rolle des Privatdetektivs einer *novela policíaca negra*, zu ergründen versucht, nimmt dabei in zunehmendem Maße von der narrativen Realität Besitz:

> [...] ya que por todas partes se ve el regreso de los males sociales que la Revolución había conjurado: mafia, prostitución, corrupción, racismo y desigualdad. (Dettman 2009: 41).

Esther Whitfield (zitiert nach Quiroga 2005: 243) sieht in Paduras Romanen daher nicht nur eine Neubegründung des kubanischen Kriminalgenres, sondern auch den Ausdruck eines „Genres der Spezialperiode". Ein signifikanter Teil der Literatur jener Jahre sei thematisch eben nicht nur von der Wirtschafts- und Gesellschaftskrise seit Beginn der neunziger Jahre bestimmt, konstatiert die Literaturwissenschaftlerin von der Brown University in Rhode Island, USA. Whitfield macht als Charakteristikum auch ein desplazamiento, in diesem Zusammenhang also eine „Verlagerung" aus, die sich in einer „ambivalenten Beziehung zu Zeit und Raum" im zeitgenössischen Kuba äußert (ibd.). In diesem Zusammenhang ist die für Neblina de ayer beschriebene, deutlich zu Tage tretende vorrevolutionäre Ästhetik anzusiedeln; wobei dieser Roman mitnichten das einzige Beispiel bildet. Vergleichbare Bezüge finden sich in der Romanverfilmung von Senel Paz' *El lobo, el bosque y el hombre nuevo* (1991) – Filmtitel *Fresa y chocolate*, 1993 – und in *Las palabras perdidas* von Jesús Díaz (1996).

James Buckwalter-Arias (2005: 59) sieht hinter diesen wiederkehrenden Bezügen auf eine vorrevolutionäre Ästhetik die Absicht, dem politischen Korsett der Gegenwart zu entkommen, denn sie bedeuteten in letzter Konsequenz:

> [...] un intento significativo de lidiar con profundas contradicciones culturales en la Cuba contemporánea, de negociar una coyuntura histórico-cultural en la

que ni la política cultural socialista ni la ideología del mercado libre llegan a imponerse la una sobre la otra.

Beispielhaft für die Ästhetik in Paduras Neblina de ayer ist die Figur Violeta del Río, um die sich die Handlung dreht: Eine Bolero-Sängerin der fünfziger Jahre, die sich nicht nur durch ihre Schönheit, sondern auch durch ihren den Gesangstil von den übrigen Künstlern jener Jahre unterschied und die von ihrer Rivalin Katy Barqué gehasst wurde, weil sie deren Absicht nach dem Geschäft durch Gratis-Auftritte in Clubs schadete.

Welche Rolle erfüllen aber die Bezüge auf die origenistas, die Klassiker der kubanischen Kultur? Nach Buckwalter-Arias (a.a.O.: 57) versuchen staatliche Kulturinstitutionen in der „Spezialperiode" die origenistas zu nutzen, um so eine neue kulturpolitische Legitimität zu konstruieren, denn:

> [...] una vez que los origenistas estén todos muertos, exiliados o domesticados, conviene mucho más a las autoridades apropiarse para sus propios fines del poderoso legado origenista [...] que intentar suprimirlo.

Andererseits macht der US-Amerikaner den Versuch kubanischer Autoren und Künstler aus, die Annäherung an die origenistas im Zuge eines „doppelten Widerstandes" (a.a.O.: 64) zugleich als Schutzschild gegen die zunehmende Vermarktung der Kunst seit Beginn der neunziger Jahre und die negativen Aspekte des Systems auf der Insel nutzen.

Auch Dettman (2008: 86) sieht in den neunziger Jahren die Wiederkehr von Aspekten aus der vorrevolutionären Epoche, während Quiroga (2005: 8) der Krise jener Jahre „seltsame Sekundäreffekte" attestiert. Diese bestünden auch in der Entkopplung der gesellschaftlichen Gegenwart von der politischen Utopie des sozialistischen Systems. Dettman vergleicht die kubanische Gesellschaft Anfang der neunziger Jahre, die sich in Paduras Tetralogie wie auch in Whitfields „Genres der Spezialperiode" spiegelt, mit einem Palimpsest, einem überschriebenen Manuskript mit Spuren der Vergangenheit:

> Hay una rara convivencia de épocas: el pasado prerrevolucionario, el pasado utópico de los primeros días de la revolución, el presente heterotópico y estático, el futuro socialista (al cual se sigue aferrando el discurso oficialista) y el futuro incierto (que quizás se parezca a los tiempos prerrevolucionarios).

Tatsächlich erscheint die Bibliothek im Hause der Montes de Oca gleichfalls als Palimpsest wie auch als heterotoper Raum im Foucault'schen Sinne[51],

---

[51] Foucault (1992: 39) schreibt dazu: „Es gibt gleichfalls – und das wohl in jeder Kultur, in jeder Zivilisation - wirkliche Orte, wirksame Orte, die in die Einrichtung der Gesellschaft hineingezeichnet sind, sozusagen Gegenplazierungen oder Widerlager, tatsächlich realisierte Utopien, in denen die wirklichen Plätze innerhalb der Kultur

denn Conde nimmt sie als Ort wahr, „der es vermocht hat, den Zorn der Zeit und Geschichte zu umschiffen" (Padura 2005: 69, zitiert nach Dettman 2008: 86). Die Faszination des Protagonisten für die spürbare Vergangenheit und das Schicksal Violeta del Rios deutet Dettman (a.a.O.: 87) als Ausdruck der „Spannung und Ungewissheit, die von der Anhäufung der Vergangenheit in der Gegenwart" herrührt – dies gelte ebenso für Conde wie für die zeitgenössische kubanische Gesellschaft.

Das heterotope Szenarium in Neblina de ayer, Condes melancholische Rückblicke in die Vergangenheit und die Reminiszenzen des Autors Padura an gesamtkubanische Traditionen fernab willkürlicher Tabus und Grenzsetzungen wird damit zu einem Appell an die Leserschaft in Kuba wie in der Diaspora, vom Objekt der Geschichte zum Subjekt des Wandels zu werden.

---

    gleichzeitig repräsentiert, bestritten und gewendet sind, gewissermaßen Orte außerhalb aller Orte, wiewohl sie tatsächlich geortet werden können. Weil diese Orte ganz andere sind als alle Plätze, die sie reflektieren oder von denen sie sprechen, nenne ich sie im Gegensatz zu den Utopien die Heterotopien."

V. Schlussbemerkungen

Muss das poetische Resümee aus Brechts „Der gute Mensch von Sezuan" (1964: 144) bei der vorliegenden Arbeit nicht zumindest teilweise auch zutreffen? Immerhin sind die politischen und kulturpolitischen Prozesse Kubas seit Beginn der neunziger Jahre seither Gegenstand internationaler Betrachtungen. Vor dem Hintergrund des bilateralen Verhältnisses haben sich vor allem US-amerikanische Forschungszentren der Entwicklung Kubas gewidmet – nicht ohne Probleme, wie nachfolgend dargelegt wird. Stehen wir also am Ende „und sehn betroffen; den Vorhang zu und alle Fragen offen"?

Die vorliegende Arbeit widmet sich, wie es im Untertitel heißt, den Auswirkungen der politischen Zäsuren und wirtschaftspolitischen Reformen auf die kulturelle Produktion im Untersuchungszeitraum 1990 bis 2010. Im Kern steht dabei stets auch die Frage, inwieweit das gängige Kubabild in wissenschaftlichen Diskursen die Debatten und Prozesse innerhalb Kubas zu reflektieren vermag. Hinzugezogen werden zur Beantwortung dieser Frage Quellen aus Kuba, darunter vielfach informelle Literatur. Hinzu kommen Interviews mit Kulturfunktionären und regierungskritischen Akteuren.

Deutlich wird dabei zunächst der entscheidende Unterschied Kubas zu den sozialistischen Regierungen in Osteuropa. Im politischen und kulturellen Diskurs hat die antikoloniale Komponente von der Revolution 1959 an eine, wenn auch phasenweise unterschiedlich akzentuierte Rolle gespielt. Nach dem Wegfall der Sowjetunion wurden diese Bezugspunkte – Protagonisten der kubanischen Geschichte und Kultur, literarische Klassiker etc. – zum Gegenstand kulturpolitischer Debatten zwischen staatlichen und nichtstaatlichen Akteuren, wobei beide Seiten um eine Neubegründung der politischen und kulturellen Basis des Nationalstaates rangen (und ringen).

Die Annäherung an den Untersuchungsgegenstand erfolgt zunächst über eine weitgehend deskriptive, wirtschaftswissenschaftliche Einleitung, bei der die mikro- und makroökonomischen Entwicklungen seit Beginn der neunziger Jahre dargelegt werden. Der folgende kulturanthropologische Teil geht auf die kulturelle Produktion in der „Spezialperiode" ein. Offensichtlich wird dabei, dass nicht nur den staatlichen Institutionen im letzten Jahrzehnt des 20. Jahrhunderts eine Reorganisation gelang. Nichtstaatliche Akteure nutzten den erzwungenen Rückzug des Staates in der Krise, um Aktionsräume zu besetzen und zu verteidigen. Die neugeordneten Konstellationen beeinflussen die kulturelle und damit die politische Sphäre Kubas nachhaltig. Zugleich lässt sich eine Veränderung, nach politischen Kriterien vielleicht sogar eine Öffnung staatlicher Diskurse ausmachen.

Die im dritten Teil untersuchte innerkubanische Debatte belegt eine deutliche Emanzipation kultureller Akteure. Exemplarisch wird dies anhand der unter der Bezeichnung *Guerrita de los e-mails* bekannten Kontroverse ab 2007 behandelt, die im diametralen Widerspruch zum gängigen Bild eines repressiven und zentralistischen Kulturapparates steht. Diese Klischees wurden selbst während der Debatte noch bedient, als ungeachtet der Teilnahme von Kultusminister Abel Prieto und hochrangiger Kulturfunktionäre gemutmaßt wurde, ob die Rückkehr von Luis Pavón „und seinen Büttteln wirklich nur ein Test (ist), ein Warnschuss wie Mitte der 90er Jahre, als Raúl Castro die Wissenschaftler schockierte und ein Forschungsinstitut der Partei säubern ließ" (Schumann 2007).

Der Blick auf die Entwicklung der kubanischen Musik bestätigt das gewachsene Kritikpotential in der kulturellen Sphäre und zeigt – besonders im Fall des HipHops – die zunehmende Rolle subalterner Akteure, die ungeachtet des nationalen Einheitsdiskurses eigene Interessen und Positionen vertreten. Der letzte Teil der Arbeit geht auf den Schriftsteller Leonardo Padura sowie sein Werk und Wirken ein. Padura vermittelt als Repräsentant der *generación perdida* der „verlorenen Generation" derjenigen, die nach der Revolution aufgewachsen sind und in besonderem Maße von den geopolitischen Umbrüchen 1989/90 betroffen waren, eine besonders authentische Kritik an Gegenwart und offizieller Historiographie Kubas. Padura zeigt damit aber auch auf, wie die „verlorene Generation" ihre Kritik trotz anfänglicher Widerstände einbringen konnte.

Die Fortführung der innerkubanischen Debatte über die geopolitischen Zäsuren hinaus kann mit der Systemkontinuität begründet werden und hebt sich damit positiv von den (ab-)gebrochenen kritischen Reformdiskursen in Ostdeutschland und Osteuropa ab. Gerade angesichts des Abbruchs der (parallel zum Aufbruch der kubanischen Intelligenzija) aus dem System heraus initiierten DDR-Reformdebatte stellt sich im Umkehrschluss die Frage, ob Stimmen wie die von Padura nach einer kapitalistischen Restauration in dem Karibikstaat noch Gehör gefunden hätten. Ein zentrales Ergebnis der Arbeit liegt daher im Beleg einer lebhaften Debattenkultur Kubas, die inmitten eines andauernden Erneuerungsprozesses stattfindet, gleichwohl aber neben dem prädominanten Bild eines repressivzentralistischen Systems von außen nicht hinreichend wahrgenommen wird.

Tatsächlich hat der kubanische Staat nach 1989/90 eine als linksnationalistisch zu charakterisierende Staatsdoktrin angenommen, die ungeachtet weiter bestehender Defizite bei der Durchsetzung bürgerlicher Rechte und trotz des externen Drucks durch die fortdauernde US-amerikanische Blockade mehr Freiheiten zugelassen und Freiräume geöffnet hat. Dazu hat auch die genreübergreifend auszumachende kritische Retrospektive der nationalen Kulturgeschichte beigetragen (vgl. Buckwalter-Arias 2005: 59). Konträr zur landläufigen Wahrnehmung des campo cultural cubano lässt sich eine weitreichende Auflösung der Insel-Exil-Bipolarität feststellen.

Die Ursache liegt hier zweifelsohne im politischen Feld, auch wenn die andauernd aggressive Kuba-Politik der USA den kulturellen Austausch wiederholt negativ beeinflusst hat und weiterhin beeinflusst. Die Annäherung an die Diaspora – in Abgrenzung zum politisch aufgeladenen „Exil"-Begriff – wurde von Kuba forciert. Festgestellt werden konnte in fast allen Bereichen der kulturellen Sphäre Kubas eine massiv zunehmende Transnationalität. Künstler und Kulturschaffende bewegen sich seit den neunziger Jahren immer weniger im nationalen Kontext als vielmehr in transnationalen und translokalen Räumen. Die zunehmende Migration hat dazu ebenso beigetragen wie die Erschließung der kubanischen Kunst und Literatur durch den kapitalistischen Kulturbetrieb.

Die Debatte über die Auswirkungen dieses Trends wurde ebenso dargelegt wie einige der Mechanismen. So nutzen neue Akteure aus subalternen Sphären seit den neunziger Jahren gewachsene transnationale Netzwerke, um in einer neuen, parallel zur staatlichen Institutionalität konzertierten Aktion nicht nur mit hegemonialen Paradigmata zu brechen, sondern sie zu dekonstruieren. Dabei wirken laut Abreu (2010a) postkoloniale und posttraditionelle Diskurse, die über vorher nicht vorhandene „Brückeninstitutionen" Eingang in die staatlich-institutionelle Debatte finden. Dies gelingt, obschon Wortführer orthodoxer staatliche Diskurse in Anthropologie und Kulturpolitik die Mechanismen der kulturellen Reproduktion weiterhin in einem hohen Maße kontrollieren.

Als Beispiel lässt sich auch hier Leonardo Padura anführen. In unterschiedlichen Phasen der kulturpolitischen Debatte intervenierte der Autor in Kuba und aus dem transnationalen Raum heraus, sofern die Möglichkeiten zur Publikation im Land nicht bestanden. Der Abgleich mit der innerkubanischen Debatte Anfang 2007 zeigt, wie auch die im Ausland veröffentlichten Wortmeldungen auf die kulturpolitischen Diskurse in Kuba wirkten.

Dies widerlegt zugleich das fatalistische Urteil von Franzbach (2000: 76), der angesichts von Erstpublikationen im Ausland die rhetorische Frage nach einem Scheitern des kubanischen Kriminalromans stellt und somit den sozialkritischen und innovativen Charakter der Werke von Padura u.a. zu einem Zeitpunkt negiert, zu dem dieser Trend bereits deutlich zu erkennen war. Der genauere Blick auf die kubanische Realität im Untersuchungszeitraum zeigt dem entgegen die Komplexität der Debatten und gleichsam die Wechselwirkungen zwischen der kulturellen und der politischen Sphäre zugunsten einer kritischen Bewertung der Nationalgeschichte und zugunsten daraus abzuleitender Reformen in beiden Bereichen.

Eine klare Sicht scheint oftmals aber von politischen Kriterien behindert zu werden.

So bezichtigt Dettman (2008: 90) Padura des Konservatismus, weil er keine explizite Position gegen das politische System seines Landes ergreift und führt zur Untermauerung seiner Argumentation die deutlich anticastroistische Kulturzeitung *Encuentro en la red* an. Amesberger (2009: 43) führt das Fidel-Castro-Zitat aus der 1961er Rede „Worte an die Intellektuellen" (*„dentro de la Revolución, todo; contra la Revolución nada"*) in dieser immer wiederkehrend verkürzten Form als Beleg für den repressiven Charakter der Kulturpolitik an. Tatsächlich ist das Zitat bis heute Gegenstand innerkubanischer Auseinandersetzungen. Kulturpolitische Akteure haben im Zuge der Diskussionen 2007 das Castro-Postulat just gegen die Verantwortlichen der repressiven Kulturpolitik in *Quinquenio Gris* verwendet, um sie des Bruchs mit geltenden sozialistischen Prinzipien zu bezichtigen. Diese Positionen stehen auch dem von Amesberger (2009: 56) behaupteten Gegensatz zwischen Kulturschaffenden und Revolutionären entgegen: Tatsächlich definieren sich kritische Intellektuelle wie Navarro in der innerkubanischen Debatte als „Revolutionäre" und „Sozialisten", um von dieser Position aus die Reformdebatte voranzutreiben; selbst Havannas Erzbischof Jaime Ortega sucht als „Revolutionär" Anknüpfungspunkte zu Systemvertretern (vgl. Vorwort).

Es lässt sich abschließend also feststellen, dass trotz institutioneller Widerstände die Debatten- und Reformfähigkeit erheblich zur Systemstabilität in Kuba beigetragen hat. Dabei haben die Interaktionen zwischen dem politischen und kulturellen Bereich eine wichtige Rolle gespielt. Indes dauern die Veränderungen und dabei vor allem das Ringen um die öffentliche Sphäre an. Kritische Intellektuelle treten in Kuba inzwischen offen und öffentlich auf, etwa bei Debattenveranstaltungen, Lesungen oder Konzerten. Eine bisher strikte Trennung der Auditorien löst sich in dem Maße auf wie privatwirtschaftliche Angebote in Konkurrenz zu Massenorganisationen in ihrer Rolle als kulturpolitische Akteure treten.

Diese Staatsorganisationen haben mit der Öffnung von Kubas Wirtschaft kein Monopol mehr. Regierungsunabhängige oder gar -kritische Akteure haben heute mehr Möglichkeiten zur Artikulation. Die wirtschaftspolitischen Reformen der vergangenen zwei Jahrzehnte haben damit neben der erstarkenden Transnationalität wesentlich zur Debattenkultur in Kuba beigetragen.

Die Brecht'sche Frage im Epilog der Sezuan-Parabel (ibd.) – „Soll es ein andrer Mensch sein? Oder eine andere Welt?" – ist in Kuba über 50 Jahre nach der Revolution und über 20 Jahre nach Ausbruch der Wirtschafts- und Gesellschaftskrise mehr denn je Gegenstand der Auseinandersetzungen. Die Debatten über individuelle Freiheiten und Reformen des sozialistischen Systems dauern auf hohem Niveau an.

Das Ende der Geschichte bleibt offen.

Verzeichnisse

Literatur

Abreu, Alberto (2007): Los Juegos de La Escritura, o, La (Re)Escritura de La Historia, La Habana.
Abreu, Alberto (2010a): Paisajes emergentes en el campo cultural cubano del nuevo milenio, in: http://tinyurl.com/7fsocyf (12.03.2012).
Abreu, Alberto (2010b): Tomás Fernández Robaina reflexiona a propósito del Centenario del P.I.C., in: http://tinyurl.com/cjm9m3f (26.04.2012)
Abreu, Alberto (2010c): Donde se cruzan los límites y se desbordan los márgenes, in http://tinyurl.com/btk2dut (02.05.2012)
Achúgar, Hugo (1998): Leones, cazadores e historiadores, in: Castro-Gómez, Santiago/Mendieta, Eduardo: Teorías sin disciplina: latinoamericanismo, poscolonialidad y globalización en debate, Seiten 207-218, Mexiko-Stadt, in: http://tinyurl.com/d8n8ulv (10.05.2012)
Acosta, Delia (2005): La neblina de la crisis, in: IPS, Inter Press Service, http://tinyurl.com/cabuk68 (02.07.2012)
ADN, Allgemeiner Deutscher Nachrichtendienst (1968): Schreiben des Korrespondentenbüros in Havanna an die Generaldirektion in Ost-Berlin, 17.03.1969, Bundesarchiv.
Aja Díaz, Antonio/Milán, Guillermo/Díaz, Marta (1995): La emigración cubana de cara al futuro. Estimación de su potencial migratorio y algunas reflexiones en torno a la representación de los jóvenes en su composición, in: Anuario CEAP, S. 142 ff., La Habana.
Aja Díaz, Antonio (2001): La emigración cubana entre dos siglos, in: Temas Nummer 26, Seiten 60-71, La Habana.
Alonso Tejada, Aurelio (1997): Iglesia y política en Cuba revolucionaria, Editorial de Ciencias Sociales, La Habana.
Amesberger, Julia (2009): Sozialkritik im postrevolutionären kubanischen Roman und Film: ein Vergleich, Wien.
Aranda, Sérgio (1968): La revolución agraria en Cuba, Mexiko-Stadt.
Arango, Arturo (2007): Pasar por joven (con notas al pie), in: Criterios, Centro Teórico-Cultural (2007): La política cultural del período revolucionario: memoria y reflexión, Seiten 165- 174, La Habana.
Araújo, Nara: Una genealogía de la sexualidad en la literatura cubana: la trilogía de Víctor Fowler, in: Azoteas Nummer 2/2002, La Habana.

Auswärtiges Amt (2011): Depesche zur Sitzung der Ratsarbeitsgruppe Lateinamerika (AMLAT) am 10.05.2011 in Brüssel (unveröffentlicht).
Ávila González, Manuel (2000): Apreciaciones en torno al movimiento de Rap cubano, in: Extramuros, Nummer 2, Seiten 22-26, La Habana.
Bennett, Andy (2000): Theorizing Music and the Social, in: Theory, Culture & Society Nr. 3, Seiten 181-184, New York.
Bourdieu, Pierre (1979): La distinction: critique sociale du jugement, Paris.
Brandist, Craig (2005): Gramsci, Bajtin y la semiótica de la hegemonía, in: Herramienta, Nummer 14, Seiten 105.124, Buenos Aires.
Brecht, Bertold (1964): Der gute Mensch von Sezuan, Frankfurt am Main.
Buena Fe (2011): PI 3,14 (CD-Album), Miami.
Burchardt, Hans-Jürgen (1999): Kuba. Im Herbst des Patriarchen, Stuttgart.
Burchardt, Hans-Jürgen (2001): Kubas Langer Marsch durch die Neunziger – eine Übersicht in Etappen, in: Kuba heute: Politik, Wirtschaft, Kultur; Frankfurt am Main.
Burchardt, Hans-Jürgen (2003): Fidel Castro's Heritage: Blockages and Perspectives for a New Political Culture in Cuba, in: Henke, Holger/Reno, Fred: Political Culture in the Caribbean, Kingston.
Burchardt, Hans-Jürgen (2011): Lektionen aus einer ignorierten Geschichte: Kubas langer Marsch ins neue Jahrhundert, in: Eßer et al. (Hg.): Kuba. 50 Jahre zwischen Revolution, Reform – und Stillstand?, Berlin.
Büntig, Aldo (1970): La Iglesia en Cuba, hacia una nueva frontera, in: Revista del CIAS, 1970, XIX, Nr. 193, Seiten 21 ff., Buenos Aires.
Caballero, Atilio (2006): El dulce y agrio olor del cítrico, in: Cubista Magazine, verano 2006, in: http://tinyurl.com/ct4axrk (02.05.2012).
Calzadilla, Jorge Ramírez/Alonso Tejada, Aurelio/Bergés Curbelo, Juana et al. (2006): Religión y cambio social: el campo religioso cubano en la década del 90, La Habana.
Carranza Valdéz, Julio (1996): Die Krise – eine Bestandsaufnahme, in: Hoffmann, Bert (Hg.): Wirtschaftsreformen in Kuba. Konturen einer Debatte, Frankfurt am Main (Schriftenreihe des Instituts für Iberoamerika-Kunde Hamburg 38).
Castells, Ricardo Enrique (2000): La novela policiaca en la Cuba del período especial: Pasado Perfecto de Leonardo Padura Fuentes, in: South Eastern Latin Americanist, 43:4, Seiten 21-35, Charlottesville, Virginia, USA.
Castro, Fidel (1961): Palabras a los Intelectuales, Ausgabe des Staatsrates, La Habana, auch in: http://tinyurl.com/2adntul (01.05.2012)
Castro, Fidel (1989): Discurso en el acto de despedida a nuestros internacionalistas caídos durante el cumplimiento de honrosas misiones militares y civiles, in: http://tinyurl.com/7zkm56o (01.03.2012)

Castro, Raúl (2011): Texto íntegro del discurso de Raúl Castro en las conclusiones del Congreso del PCC, in: http://tinyurl.com/6w6kwdp (24.04.2012)
Cerutti Guldberg, Horacio (2008): Hacia unas nuevas bases discursivas para la integración, in: Revista Mexicana de Política Exterior Nr. 84, Seiten 43-68, Mexiko-Stadt.
Chirino, Willy (1991): Oxígeno (CD-Album), Miami.
Colmeiro, Jose F. (1994): La novela policiaca española: teoría e historia crítica, Barcelona.
Congreso Nacional de Educación y Cultura (1971): Declaración Final, in: Casa de las Américas, Nummer 65, März-Juni 1971, La Habana.
Corrales, Javier (2004): The Gatekeeper State: Limited Economic Reforms and Regime Survival in Cuba, 1989-2002, in: Latin American Research Review, Vol. 39, Nummer 2, Seiten 35-65, Baltimore, Maryland, USA.
Criterios, Centro Teórico-Cultural (2007): La política cultural del período revolucionario: memoria y reflexión, La Habana.
Cubadebate (2011): Pedro Luis Ferrer: Cien por ciento cubano, in: Cubadebate.cu: http://tinyurl.com/c9z8cjo (16.04.2012)
De la Fuente, Alejandro (2011): ¿Adiós a Martí? Der Partido Independiente de Color und die Diskussionen über Rasse und Nationalität in Kuba, in: Eßer u.a. (2011): Kuba: 50 Jahre zwischen Revolution, Reform – und Stillstand?, Seiten 213-233, Köln.
Del Aguila, Juan M. (1994): Cuba: Dilemmas of a Revolution, Boulder, Colorado, USA.
Delgado, Frank (1998): La Habana está de bala (CD-Album), La Habana.
Delgado, Frank (2000): A guitarra limpia (CD-Album), La Habana.
Derrida, Jacques (1995): Marx' Gespenster. Der verschuldete Staat, die Trauerarbeit und die neue Internationale, Frankfurt am Main.
Detsch, Claudia (2010): ALBA – Ein alternatives Integrationsmodell zwischen Schein und Sein, in: Schriftenreihe „Perspektive" der Friedrich-Ebert-Stiftung, Berlin, auch unter: http://tinyurl.com/883x7ln (02.01.2012).
Dettman, Jonathan (2008): Utopía y heterotopía en La neblina de ayer de Leonardo Padura, in Confluencias, Nummer 23/2, Seiten 84-92, Greenly, Colorado, USA.
Dettman, Jonathan (2009): Tiempo nublado: La neblina del ayer de Leonardo Padura Fuentes, in: Hispamérica: Revista de literatura, Nummer 113, Seiten 37-45, Rockville, Maryland, USA.
Díaz, Jesús (1996): Las palabras perdidas, Barcelona.

Díaz Vázquez, Julio (2000): Apertura económica e inversiones extranjeras en Cuba, in: Bähr, Jürgen/Widderich, Sönke (Hg.) (2000): Vom Notstand zum Normalzustand – eine Bilanz des kubanischen Transformationsprozesses, Kiel (Kieler Geografische Schriften 103).

Domínguez, Jorge (2010): Reconfiguración de las relaciones de los Estados Unidos y Cuba, in: Temas, 62-63, Seiten 11 ff., La Habana.

Drekonja Kornat, Gerhard (1986): Das Paradies auf Erden, in: Wochenzeitung Die Zeit, Nr. 20, Hamburg.

D'Rivera, Paquito (1998): Mi vida saxual, San Juan, Puerto Rico.

Duany, Jorge (1994: Neither Golden Exile nor Dirty Worm: Ethnic Identity in Recent Cuban- American Novels, in: Cuban Studies 23, Seiten 167-183, Pittsburgh, Pennsylvania, USA.

Epple, Juan Armando (1995): Leonardo Padura Fuentes, in: Hispamérica 24/71, Seiten 49-66, Rockville, Maryland, USA.

Esteve-Casanova, R. (1977): Canciones de la Revolución Cubana, in: El País, 07.01.1977, Madrid, in: http://tinyurl.com/bq5y56g (03.05.2012).

Estévez, Abilio (1999): Cuba está de moda, in: El País, 15.03.1999, in: http://tinyurl.com/7r8mpmn (12.05.2012)

Ette, Ottmar/Franzbach, Martin (2001): Kuba heute: Politik, Wirtschaft, Kultur; Frankfurt am Main.

Exner, Isabel/Mesa, Andrea/Pantín, Beatriz/Reckzeh, Sebastian (2003): Aspectos del Campo Cultural Cubano. Una excursión a La Habana, Berlin.

Faya, Alberto et al. (1996): Controversia: La música y el mercado, in Temas Nummer 66, Seiten 74-85, La Habana.

Feraudy Espino, Heriberto (2011): La raza es una sola, la raza humana. Entrevista a Eusebio Leal, in: http://tinyurl.com/btnd2cc (22.04.2012)

Fernández, Roberto G. (1988 [2. Aufl. 1997]): Raining Backwards, Houston, Texas, USA.

Fernández Bustos, José (1969): Evaluación de la reforma agraria en Cuba, Bogotá. Abrufbar unter: http://tinyurl.com/6nhlfnp (05.01.2012)

Fernández Díaz, Ariel (2001): Rap cubano: ¿poesía urbana o la nueva trova de los noventa?, in: El Caimán Barbudo 33/296, Seiten 4-14, La Habana.

Fernández Retamar, Roberto (1967): Hacia una intelectualidad revolucionaria en Cuba, in: Fernández Retamar: Ensayo de otro mundo, La Habana.

Ferrer, Pedro Luis (1994): 100% cubano (CD-Album), Miami.

FIU, Florida International University, Cuban Research Institute (2011): The Cuban Diaspora in the 21th Century, Miami, Florida, USA.

Flemes, Daniel (2009): Konkurrierender Regionalismus: Fünf Jahre UNASUR und ALBA, in: GIGA Focus, Hamburg.

Fornet, Ambrosio (1995): Las máscaras del tiempo en la novela de la Revolución Cubana, in: Las máscaras del tiempo, Seite 19 ff., La Habana.
Fornet, Ambrosio (2000): Memorias recobradas: introducción al discurso literario de la diáspora, La Habana.
Fornet, Ambrosio (2006a): La literatura cubana de la diáspora y el dilema de las dos culturas: un testimonio personal, in: La Gaceta de Cuba, 6/2006, Seiten 42-46, La Habana.
Fornet, Ambrosio (2006b): Epílogo, in: Díaz, Jesús: The Initials of the Earth, Seiten 410-420, Durham, North Carolina, USA.
Fornet, Jorge (2005): Chicho Charol y la isla. Entrada al universo literario de Guillermo Cabrera Infante, in: La Gaceta de Cuba, 6/2005, Seiten 59-61, La Habana.
Fornet, Jorge (2007): Los nuevos paradigmas, La Habana.
Fornet-Betancourt, Raúl/Sing, Horst (2001): Kirche und Gesellschaft in Kuba heute. Internationale Tagung. Aachen (Schriften zur vergleichenden Sozialwissenschaft und zur interkulturellen/internationalen Sozialarbeit, Band 3).
Foucault, Michel (1992): Andere Räume, in: Barck, Karlheinz u.a. (Hg.): Aisthesis. Wahrnehmung heute oder Perspektiven einer anderen Ästhetik, Seiten 34 – 46, Leipzig.
Franco, Jean (1997): La globalización y la crisis de lo popular, in: Nueva Sociedad, Nummer 149, Seiten 62-73, Caracas.
Franken K., Clemens A. (2009): Leonardo Padura Fuentes y su detective nostálgico, in: Revista chilena de literatura, Nummer 74, Seiten 29-56, Santiago de Chile.
Franzbach, Martin (2000): La re-escritura de la novela policiaca cubana, in: Reinstädler, Janett/ Ottmar Ette (Hg.): Todas las islas la isla. Nuevas y novísimas tendencias en la literatura y cultura cubana, Seiten 69-77, Madrid/Frankfurt am Main.
Frei Betto (1986): Fidel y la religión. Entrevista concedida a Frei Betto. Oficina de Publicaciones del Consejo de Estado, La Habana.
García, Cristina (1992): Dreaming in Cuban, New York, New York, USA.
García Álvarez, Anicia/Mañalich Gálvez, Isis/Pico García, Nieves/Quiñones Chang, Nancy (1996): La situación de importaciones de alimentos: Una necesidad impostergable, in: Cuba: Investigación Económica 2 (4), Seiten 1-36, La Habana.
García Álvarez, Anicia/Mañalich Gálvez, Isis/Pico García, Nieves/Quiñones Chang, Nancy (1996): La situación de importaciones de alimentos: Una necesidad impostergable. Segunda Parte, in: Cuba: Investigación Económica 3 (1), Seiten 1-49, La Habana.

García Canclini, Néstor (2000): Para un diccionario herético de estudio culturales, in: Fractal Nr. 18, Seiten 11-27, Mexiko-Stadt.
García Hernández, Arturo (2007): La política cultural de Cuba, sin dogmas ni sectarismos. Entrevista con Abel Prieto, Ministro de Cultura, in: La Jornada, 26.02.2007 in: http://tinyurl.com/7e2z85w (23.05.2012)
García Luis, Julio (1997): Cuba en la era de Internet y las autopistas electrónicas, La Habana.
Geuder, Ann-Catherine (2001): Kubas Schriftsteller leben an vielen Orten, in: Lateinamerika Nachrichten, Nummer 329, November 2001, Berlin.
GIGA-Institut (2011): GIGA Informationszentrum: Graue Literatur, in: http://tinyurl.com/6up3bnx (02.03.2012)
Giro, Radamés (2007): Diccionario Enciclopédico de la Música en Cuba, La Habana.
Göll, Edgar (2006): Umwelt- und Nachhaltigkeitspolitik in Kuba: Überblick und kritische Würdigung eines Weges zur Zukunftsfähigkeit, Berlin (WerkstattBericht Nr. 83 des IZT)
González Rojas, Antonio Enrique (2011): A una década (+ 1) de la revolución Risograph: ¿Editoriales provinciales o provincianas?, in: http://tinyurl.com/86xm3g3 (23.04.2012)
Guanche, Jesús (2011): Componentes étnicos de la nación cubana, La Habana.
Guevara, Ernesto (1965): El socialismo y el hombre en Cuba, in: http://tinyurl.com/2d222t7 (20.07.2012)
Gutzen, Dieter/Oellers, Norbert/Jürgen H. Petersen (2005): Einführung in die neue deutsche Literaturwissenschaft, Berlin.
Henkel, Knut (1996): Kuba zwischen Plan und Markt. Die Transformation zur „dualen Wirtschaft" seit 1995, Hamburg (Demokratie und Entwicklung 21).
Heras León, Eduardo (2007): El Quinquenio Gris: testimonio de una lealtad, in: Criterios, Centro Teórico-Cultural (2007): La política cultural del período revolucionario: memoria y reflexión, Seiten 69-93, La Habana.
Hernández Hormilla, Helen (2011): Mujeres en crisis: Aproximaciones a lo femenino en las narradoras cubanas de los noventa, La Habana.
Heredia Martínez, Fernando (2005): En el horno de los 90, La Habana.
Heredia Martínez, Fernando (2007): Pensamiento social y política de la Revolución, in: Criterios, Centro Teórico-Cultural (2007): La política cultural del período revolucionario: memoria y reflexión, Seiten 139-161, La Habana.
Hijuelos, Oscar (1983): Our House in the Last World, New York.

Hoffmann, Bert (2002): Internet und Politik in Lateinamerika: Kuba, Frankfurt/Main.

Hoyer, Werner (2011): Staatsminister Hoyer fordert Aufklärung über den Tod von Juan Wilfredo Soto in Kuba, in: Auswärtiges Amt, http://tinyurl.com/6r3wgsz (27.02.2012)

Jerozolimsi, Ana (2008): Si llega a haber relaciones entre Israel y Cuba, va a haber mucha gente feliz en los dos lados, in: http://tinyurl.com/c98zls6 (08.01.2012).

Juma, Calestous/Lee, Yee-Cheong (2005): Reinventing global health: the role of science, technology, and innovation, in: The Lancet, Vol. 365 No. 9464 pp 1105-1107, London.

Keseling, Uta (2012): DDR unter Palmen. Auf der Suche nach dem echten Kuba, in: Die Welt, Berlin.

Knop, Gesa (1998): Realität in der mexikanischen Literatur: „Crónicas" und „Novela

Testimonial" (Teil 1), Münster.

Koldehoff, Stefan (2012): „Das Deutsch der Migranten gibt es nicht": Die Soziolinguistin Inken Keim über Standard- und „Kiezdeutsch", in: Deutschlandfunk, 13.03.2005.

Levitt, Peggy/Glick Schiller, Nina (2004): A Transnational Social Field Perspective on Society, in: International Migration Review 38/3, Seiten 1002 ff., New York.

Lewin, Kurt (1948): Resolving social conflicts: selected papers on group dynamics, New York.

Madero, Noemí (ohne Jahr): Kriminalroman, Sozialroman: Das La Habana-Quartett, in: Unionsverlag online, http://tinyurl.com/c87w6wx (20.07.2012)

Mahler, Sarah J./Hansing, Katrin (2005): Toward a Transnationalism of the Middle. How Transnational Religious Practices Help Bridge the Divides between Cuba and Miami, in: Latin American Perspectives, Issue 140, Vol. 32, Riverside, CA, USA.

Maren-Grisebach, Manon (1998): Methoden der Literaturwissenschaft, Tübingen.

Martiatu, Inés María (2008): Over the waves and other stories/Sobre las olas y otros cuentos, Chicago.

Martín Astorga, Eglys/Carralero Rodríguez, Susana (2011): Cuba – ALBA-TCP: Experiencia y Perspectiva. Hacia una nueva concepción de la relación Ciencia y Economía, in: Contribuciones a la Economía: http://tinyurl.com/btkswcm (02.01.2012).

Masud-Piloto, Félix (1996): From Welcome Exiles to Illegal Immigrants: Cuban Migration to the United States, 1959-1995, Lanham, Maryland, USA.

Menton, Seymour (1990): La novela de la revolución cubana, fase cinco, in: Revista Iberoamericana, Nummer 56, Seiten 913-932, Pittsburgh, Pennsylvania, USA.

Mesa-Lago, Carmelo (1996): Ist Kuba auf dem weg zur Marktwirtschaft? Probleme und Perspektiven der kubanischen Wirtschaftsreform, in: Hoffmann, Bert (Hg.): Wirtschaftsreformen in Kuba. Konturen einer Debatte, Frankfurt am Main (Schriftenreihe des Instituts für Iberoamerika-Kunde Hamburg 38)

Michelena, José Antonio (2006): Aportes de Leonardo Padura a la literatura policial cubana. The Detective Fiction of Leonardo Padura Fuentes, Manchester.

Milanés, Pablo (1982): Yo me quedo (CD-Album), La Habana.

MINCULT, Ministerio de Cultura (1982): La cultura en Cuba socialista, La Habana.

Moore, Robin D (2006): Music and revolution: cultural change in socialist Cuba, Chicago, Illinois, USA.

Moraña, Mabel (1998): El Boom del Subalterno, in: Castro-Gómez, Santiago/Mendieta, Eduardo: Teorías sin disciplina: latinoamericanismo, poscolonialidad y globalización en debate, Mexiko-Stadt. Auch unter: http://tinyurl.com/7tr3cpv (02.05.2012)

Muder, Winfried (1992): Zur Herausbildung und zum Stand des Verhältnisses von Staat und Kirche in Cuba, Frankfurt am Main.

Navarro, Desiderio (2000): In medias res públicas: Sobre los intelectuales y la crítica social en la esfera pública cubana, Ponencia presentada en la Conferencia Internacional "El papel del intelectual en la esfera pública", Fondo del Príncipe Claus de Holanda, Beirut.

Navarro, Desiderio (2007): ¿Cuántos años de qué color? Para una introducción al ciclo, in: Criterios, Centro Teórico-Cultural (2007): La política cultural del período revolucionario: memoria y reflexión, Seiten 16-24, La Habana.

Neuber, Harald (2000a): Castro: IWF muß auf Anklagebank, in: Tageszeitung junge Welt, 14.04.2000, Seite 1, Berlin.

Neuber, Harald (2000b): Punktsieg für Fidel Castro, in: Tageszeitung junge Welt, 17.04.2000, Seite 8, Berlin.

Neuber, Harald (2004): Kultur der Souveränen, in: Tagszeitung junge Welt, 24.02.2007, Seite 4, Berlin.

Neuber, Harald (2009): Raus aus dem Museum, in: Druck + Papier, Die ver.di Branchenzeitung, 2/2009, Seite 10, Berlin.

Neuber, Harald (2012a): Kuba mal eben kurz erklärt. Leonardo Padura stellt auf der Buchmesse in Kuba eine Sammlung von Kurzreportagen vor, in: amerika21.de, http://tinyurl.com/d62l6rm (18.07.2012)
Neuber, Harald (2012b): Ein realistisches Bild von Kuba herstellen, in: amerika21.de, http://tinyurl.com/7tfcdh5 (01.03.2012)
Niese, Steffen (2010): Die deutsche Kuba-Politik seit 1990, Berlin.
Niese, Steffen (2011): Kuba und die aktuelle Linksentwicklung in Lateinamerika. Unveröffentlicht.
Nijstad, Bernard/Knippenberg, Daan van (2007): Gruppenpsychologie: Grundlegende Prinzipien, in: Jonas, K./Stoebe, W./Hewstone, M. (Hg.): Sozialpsychologie, Seiten 409- 441, Heidelberg.
Nusser, Peter (2003): Der Kriminalroman. Stuttgart.
Oppenheimer, Andrés (1992): Castro's Final Hour: The Secret Story Behind the Coming Downfall of Communist Cuba, New York, New York, USA.
Orishas (2000): A lo cubano (CD-Album), London.
Oyarzún, Pablo (1994): Identidad, diferencia, mezcla: ¿Pensar Latinoamérica?, in: Beilage Temas der Tageszeitung La Época (16.1.1994), Santiago de Chile.
Padura, Leonardo (1981): ¿Dónde está que no la veo?, in: el Caimán Barbudo, Nummer 161, Mai 1981, Seiten 24-25, La Habana.
Padura, Leonardo (1994): Vientos de cuaresma, La Habana.
Padura, Leonardo (1995): Pasado perfecto, Ediciones Unión, La Habana.
Padura, Leonardo (1997): Máscaras, La Habana.
Padura, Leonardo (1998): Paisaje de otoño, Barcelona.
Padura, Leonardo (1999): Antón Arrufat: las otras zonas de la realidad, in: Revista Crítica, April- Mai, Seiten 47-71, Puebla, México.
Padura, Leonardo (2002): La novela de mi vida, La Habana.
Padura, Leonardo (2003): Ein perfektes Leben, Zürich.
Padura, Leonardo (2004): Handel der Gefühle, Zürich.
Padura, Leonardo (2005a): Labyrinth der Masken, Zürich.
Padura, Leonardo (2005b): Das Meer der Illusionen, Zürich.
Padura, Leonardo (2005c): La neblina de ayer, Barcelona.
Padura, Leonardo (2008): Der Nebel von gestern, Zürich.
Padura, Leonardo (2011): La memoria y el olvido, La Habana.
Paz, Senel (1991): El lobo, el bosque y el hombre nuevo, México D.F.
PCC, Partido Comunista de Cuba (2011): Información sobre el resultado del Debate de los Lineamientos de la Política Económica y Social del Partido y la Revolución, La Habana, in: http://tinyurl.com/6c3xslk (23.02.2012)
Pérez Konina, Verónica (1988): Adoleciendo, La Habana.

Perry, Marc David (2004): Los Raperos: rap, race, and social transformation in contemporary Cuba, Austin, Texas, USA.
Pogolotti, Graziella (2007): Polémicas culturales de los 60, La Habana.
Prieto, Abel (1994): Cultura, cubanidad y cubanía, in: Conferencia La Nación y la Emigración, Seiten 75-80, La Habana.
Prieto, José Manuel (2011): Un Estado en retirada, in: Letras Libres, noviembre 2011, México.
Quinteto Rebelde (2001): Quinteto Rebelde (CD-Album), La Habana.
Quiroga, José (2005): Cuban Palimpsests, Minneapolis, Minnesota, USA.
Rauhut, Claudia (2007): Santería in Kuba und ihre translokale Anhängerschaft. Strategien der grenzüberschreitenden Vernetzung, in: Rossbach de Olmos, Lioba/Drotbohm, Heike (Hrsg.), Afroamerikanische Kontroversen, Curupira Workshop, S. 21-37, Marburg.
Rauhut, Claudia (2009): Die Santería-Religion und die kommunistische Partei- und Regierungspolitik in Kuba, in: Jahrbuch für Historische Kommunismusforschung, Berlin.
Redonet, Salvador (1993): Los últimos serán los primeros, La Habana.
Reilly, Matthew (2009): The nocturnal negotiations of youth spaces in Havana, Chapel Hill, North Carolina, USA.
Retamar, Fernando (2011): Pórtico, in: Ortíz, Fernando (2011): El engaño de las razas, La Habana.
Rivera, Raquel Z. (2003): New York Ricans from the Hip-Hop Zone, New York, NY, USA.
Rodríguez, Silvio (1996): Canciones del mar, Madrid.
Rojas, Rafael (2006): Memorias de PAIDEIA, in: Cubista Magazine, verano 2006, in: http://tinyurl.com/cay8hbb (02.05.2012).
Rojas, Rafael (2009): El estante vacío: Literatura y política en Cuba, Barcelona.
Roma, Eddy (2008): Mirada y escucha al rock cubano, in: Luna Park, Nummer 9, in: http://tinyurl.com/d5qgtqj (10.05.2012)
Sánchez, Abel (2011): Hacer rock n' roll en Cuba: Conversación con Joel Salazar, in: La Jiribilla, in: http://tinyurl.com/d4v7yxe (10.05.2012)
Sánchez Mejías, Rolando (1994): Olvidar Orígenes, in: Jornal de Poesia, Brasília, in: http://tinyurl.com/d73r2ku (25.03.2012).
Schmidt, Eva (2011): Kuba – Mythos ohne Masterplan, in: Makro, das Wirtschaftsmagazin (3Sat), ausgestrahlt am 14.01.2011, in: http://tinyurl.com/6r8lajn (04.03.2012)
Schultz, Rainer (2005): Zur auswärtigen Kulturpolitik der DDR gegenüber Kuba 1959-74, Berlin.

Schumann, Peter B. (2007): Cubas Intellektuelle in Alarmzustand, DeutschlandRadio, Fazit, 15.1.2007, in: http://tinyurl.com/cq4rrwh (10.08.2012)

Schwartz, Lawrence H. (1973): Marxism and Culture: The CPUSA and Aesthetics in the 1930s, Washington/New York, USA.

Serrano, Pío (2001): Leonardo Padura o el desencanto, in: Revista Hispano Cubana, Nummer 11, Seiten 107-111, Madrid.

Sherif, Mustafar/Sherif, C.W. (1969): Social Psychology, New York.

Simpson, Amelia S. (1990): Detective Fiction from Latin America, New York, New York, USA.

Tablada, Carlos: Cuba: Transición... ¿hacía donde?, Madrid.

Tajfel, Henri (1981): Human Groups and Social Categories, Cambridge.

Tejada, Roberto (2005): In Relation: The Poetics and Politics of Cuba's Generation-80, in: La detención del tiempo/ Time's Arrest, Factory School: tinyurl.com/743t9eo (12.04.2012)

Thibaut, John/Kelley, Harold (1959): The social psychology of groups, New York.

Tickner, Arlene B. (2006): El hip-hop como red transnacional de producción, comercialización y reapropiación cultural, in: Temas Nr. 48, Seiten 97-108, La Habana.

Togores González, Viviana (2000): Cuba: Los efectos sociales de la crisis y el ajuste económico de los años noventa, in: Revista de Ciencias Sociales, nueva época Nr. 8, Guadalajara.

Ubieta, Enrique (2012): Cuba: ¿revolución o reforma?, La Habana.

UH, Universidad de La Habana (2003): Curso de Posgrado: La Racialidad en la Cuba actual, über E-Mail.

Urfé, Odilio (1955): Festival in Havana: Folk Music of Cuba. New York.

Urías, Roberto (1988): ¿Por qué llora Leslie Caron?, La Habana.

Uxó, Carlos (2010): Representaciones del personaje del negro en la literatura cubana. Una perspectiva desde los Estudios Subalternos, Madrid.

Varela, Carlos (1989): Jalisco Park (CD-Album), Las Palmas de Gran Canaria.

Valdés, Orlando (1990): La socialización de la tierra en Cuba, La Habana.

Valdés, Alicia (2005): Diccionario de mujeres notables en la música cubana, La Habana.

Von la Roche, Walther (2011): Einführung in den praktischen Journalismus, Berlin.

Wehrli, Angelica (2009): ¡Viva la creatividad! Situative Lösungsansätze zur Existenzsicherung in Zeiten des sozioökonomischen Wandels, Münster (TRANSanthropologische Texte 6)

West-Durán, Alan (2004): Rap's Diasporic Dialogues: Cuba's Redefinition of Blackness, in: Journal of Popular Music Studies, Vol. 16, Ausgabe1, S. 4-39, Malden, Massachusetts, USA.

Widderich, Sönke (2002): Die sozialen Auswirkungen des kubanischen Transformationsprozesses. Kiel (Kieler Geografische Schriften 106).

Wilkinson, Stephen (2006): Detective Fiction in Cuban Society and Culture, Oxford

Wunderlich, Anneliese (2001): Cuban Hip Hop, Underground, Revolution, in: http://tinyurl.com/c8qn4ja (02.05.2012)

Yáñez, Mirta/Bobes, Marilyn (1996): Estatuas de sal, La Habana.

Zeuske, Michael (2000): Kleine Geschichte Kubas, München.

Zeuske, Michael (2004): Insel der Extreme. Kuba im 20. Jahrhundert, Zürich.

Zeuske, Michael (2011a): The Long Cuban Revolution, in: Palmié, Stefan; Scarano, Francisco A. (Hg.): The Caribbean. A History of the Region and Its Peoples, Chicago/London.

Zeuske, Michael (2011b): Die unbekannten Jahre des Anfangs (1959-1969), in: Das Neue Kuba in Bildern der Nachrichtenagentur Prensa Latina 1959-1969, Harald Neuber (Hg.), Berlin.

Zimmerman, Marc (1992): U. S. Latino Literature: An Essay and Annotated Bibliography, Chicago, Illinois, USA.

Zurbano, Roberto (2004): Se buscan: Textos urgentes para sonidos hambrientos, in: Movimientos Nummer 3, Seiten 6-13, La Habana.

Zurbano, Roberto (2006): Raza, literatura y nación. El triángulo invisible del siglo XX cubano, in: Temas Nr. 46, Seiten 111-123, La Habana.

Abkürzungen

ADN Allgemeiner Deutscher Nachrichtendienst (DDR-Agentur)
AHS Asociación Hermanos Saíz (Verband zur Förderung der Jugendkultur)
ALBA Alianza Bolivariana para los Pueblos de Nuestra América
BCC Banco Central de Cuba, Kubanische Nationalbank
CEA Centro de Estudios Americanos, Zentrum für (Latein-)Amerika
CEEC Centro de Estudio de la Economía Cubana, Forschungszentrum für Kubas Wirtschaft
CELAC Comunidad de Estados Latinoamericanos y Caribeños, Gemeinschaft lateinamerikanischer und karibischer Staaten
CEPAL Comisión Económica para América Latina, UNO-Wirtschaftskommission für Lateinamerika
CIEI Centro de Investigación de la Economía Mundial, Forschungszentrum. für Weltwirtschaft
ENA Escuela Nacional de Arte, Nationale Kunsthochschule
FMC Federación de Mujeres Cubanas, Föderation der kubanischen Frauen
GESI Grupo de Experimentación Sonora del ICAIC, wörtlich: Gruppe für Tonversuche des [kubanischen Kinoinstitutes] ICAIC
ICIC Instituto Cubano de Investigación Cultural, Institut für Kulturforschung
ICL Instituto Cubano del Libro, Kubanisches Buchinstitut
ICM Instituto Cubano de a Música, Kubanisches Musikinstitut
ICR siehe ICRT
ICRT Instituto Cubano de Radio y Televisión, Radio- und Fernsehinstitut (1962 gegründet, bis 1975 Instituto Cubano de Radiodifusión, ICR)
ISA Instituto Superior de Arte, Kunsthochschule
IWF Internationaler Währungsfonds
MINCULT Kubanisches Ministerium für Kultur
MININT Kubanisches Innenministerium
OAS/OEA Organization of American States/Organ. de Estados Americanos
ONE Oficina Nacional de Estadística, Nationales Büro (Kubas) für Statistik
RGW Rat für gegenseitige Wirtschaftshilfe
UBPC Unidades Básicas de Producción Cooperativa (Landwirtschaftskooperativen)
UJC Unión de Jóvenes Comunistas, Union Junger Kommunisten
UdSSR Union der Sozialistischen Sowjetrepubliken
UNEAC Unión Nacional de Escritores y Artistas de Cuba, Schriftsteller- und Künstlerverband

Interviews

Abreu, Alberto (2012): Interview mit den Träger des Preises für den politischen Essay 2007 der Kulturstiftung Casa de las Américas, 18.02.2012, La Habana.

Barnet, Miguel (2003): Interview mit dem Direktor der Fernando-Ortíz-Stiftung, 22.02.2003, La Habana.

Dueñas Oquendo, Javier (2003): Interview mit dem Herausgeber der „Biblioteca familiar" und Mitglied des Komitees der Internationalen Buchmesse Kubas am 18.02.2003, La Habana.

Fornet-Betancourt, Raúl (2012): Interview mit dem Privatdozenten an der Universität Bremen und Leiter der Lateinamerika-Sektion am Missionswissenschaftlichen Institut Missio in Aachen am 07.03.2012, telefonisch.

García, Tania (2003): Interview mit der Mitarbeiterin am Kubanischen Institut für Kulturforschung, ICIC Juan Marinello, am 22.01.2003, Havanna.

Guerra, Osmany Oduardo (2007): Interview mit den kubanischen Essayisten und Poeten am 23.02.2007, La Habana.

Hart Dávalos, Armando (2003): Interview mit dem Direktor des Programa Martiano, 18.01.2003, La Habana.

Lara, Javier (2003): Interview mit dem damaligen Vizepräsidenten des Kubanischen Buchinstituts (ICL), 12.01.2003, La Habana.

Marquetti Nodarse, Hiram (2003): Interview mit dem Wirtschaftswissenschaftler des Zentrum für Kubanische Wirtschaftsstudien (CEEC) am 23.02.2002, La Habana.

Márquez de Armas, Pedro (2003): Interview mit dem Schriftsteller, 17.03.2003, La Habana.

Ponte, Antonio José (2003): Interview mit dem Essayisten, 06.01.2003, La Habana.

Rojas, Israel (2011): Interview mit dem Leadsänger der Band Buena Fe, 22.07.2011, Berlin.

Ruiz, Laura (2003): Interview mit der geschäftsführenden Direktorin des Verlagshauses Editoriales Vigía aus Matanza, La Habana, 17.02.2003.

Sánchez Sierra, Óscar (2009): Interview mit dem Herausgeber der internationalen Ausgaben der Tageszeitung Granma, 16.01.2009, La Habana.

Vázquez, Tania (2012): Interview mit der Wirtschafts- und Handelsrätin der Botschaft der Republik Kuba in Deutschland am 29.02.2012, Berlin.

Zurbano, Roberto (2012): Interview mit dem Essayisten und Literaturwissenschaftler, 19.02.2012, La Habana.